AF543642

Reise durch

BAYERISCH SCHWABEN

Bilder von
Martin Siepmann

Texte von
Johann Schrenk

Stürtz

Bedeutende Städte und beeindruckende Landschaft – Bayerisch Schwaben

Man muss früh aufstehen, um einen solch spektakulären Sonnenaufgang vom Wallersteiner Felsen im Ries mitzuerleben.

Wenn von „Bayerisch Schwaben“ die Rede ist, dann meinen die einen den schwäbischen Anteil Bayerns an Schwaben, also das „Bayern, wo man schwäbisch schwätzt“, während andere dabei an den bayerischen Regierungsbezirk Schwaben denken, der sich – und das macht die Sache kompliziert – aus zwei Teilen rekrutiert. Aus Schwaben, das sich vom nördlich gelegenen Ries bis hinab zur Linie Bad Grönenbach – Buchloe erstreckt, und aus dem Allgäu, das sich südlich daran bis hin zu den Allgäuer und Ammergauer Alpen anschließt.

Bezogen auf den Regierungsbezirk Schwaben, der selbst von offizieller Seite als „Bayerisch Schwaben“ deklariert wird, vereinen sich im schwäbischen Norden die Landkreise Donau-Ries, Neu-Ulm, Dillingen, Günzburg, Augsburg (mit kreisfreier Stadt Augsburg und den Naherholungsgebieten Westliche Wälder und Königsbrunner Heide) und der bayerische (!) Landkreis Aichach-Friedberg, der nach Bayerisch Schwaben zwangseingegliedert wurde. Im überwiegend allgäuerischen Süden befinden sich die Landkreise Unterallgäu (mit der kreisfreien Stadt Memmingen), Oberallgäu (mit der kreisfreien Stadt Kempten), Ostallgäu (mit der kreisfreien Stadt Kaufbeuren) und Lindau (mit bayerischem Bodenseeanteil). Der Landkreis Unterallgäu umfasst entgegen seiner Bezeichnung nur zu einem geringen Anteil (zwei bis drei Prozent) Siedlungen, die sich dem allgäuerischen Kulturraum zuordnen lassen.

Blick in die Geschichte

Ein Blick in die Geschichte zeigt, dass es sich bei Schwaben und dem Allgäu um zwei doch unterschiedliche Kulturräume handelt, die

jeweils eigene Entwicklungsstrukturen aufweisen, in der einen oder anderen Hinsicht aber auch einiges gemeinsam haben. Im 10. Jahrhundert wurde im gerade erst von den Ottonen gegründeten römisch-deutschen Reich das Stammesherzogtum Schwaben gebildet. Dabei leitet sich die Bezeichnung „Schwaben" vom lateinischen „Suevia" ab, das auf die elbgermanische Stammesgruppe der „Suevi" (Sueben) zurückgeht. Diese wiederum haben ihren Namen von den Römern geerbt, die sie als umher-„schwebend", also nomadenhaft, bezeichnet haben. Die Wissenschaft versteht heute unter den Sueben eine bedeutende Volksgruppe, die sich wie die Alamannen und Baiern aus dem elbgermanischen Raum rekrutiert und im Südwesten und Süden des deutschsprachigen Raums angesiedelt haben, während die Franken, die aus den Nordseeregionen stammen, sich im Rhein-Weserraum festsetzten.
Sprachlich haben sich diese vier großen Völkerschaften (Alamannen, Sueben, Baiern und Franken) in der Zeit vom 4. bis zum 7. Jahrhundert durch eine entscheidende Lautverschiebung von den Nordgermanen (Friesen, Angeln, Sachsen) abgesondert. Im Norden wurde die Lautverschiebung nicht vollzogen. Während man sich im germanischen Norden noch weiterhin „Tid" (= Zeit) ließ, brach durch eine Lautverschiebung im Süden eine neue „Zit" an. Eine weitere Nord-Süd-Lautverschiebung vollzog sich vom „Water" (noch heute ‚Waterkant') zum „Wasser", und wenn man müde wurde, bettete man sich im Norden zum „Slopen", während man sich im Süden zum „Slaven" hinlegte. Tagsüber galt es dann schon, etwas zu „maken" (noch heute im Angelsächsischen so erhalten), während im Süden das „machen" angesagt war. Damit war bereits eine Trennung zwischen dem Niederdeutschen Sprachraum im Norden und dem Althochdeutschen Sprachraum im Süden vollzogen. Bei der späteren Zweilautbildung (Diphthongierung) unterteilte sich im deutschsprachigen Süden das Alemannische in Niederalemannisch, Schwäbisch, Fränkisch und Bairisch. Im Gegensatz zum Niederalemannisch vollzog man im Schwäbischen eine Zweilautbildung von „i" zu „ei", von „u" zu „au" und von „iu" (gesprochen „ü") zu „ej". Während die dem niederalemannischen Sprachraum zugeordneten Allgäuer – mit ihnen auch die Vorarlberger, Schweizer und Elsässer – nach wie vor „Zit" für das eine oder andere hatten, brachten die Schwaben für vieles ihre kostbare „Zeijt" auf, nicht zuletzt um sich ein „Haus" zu bauen, das im Allgäu weiterhin „Hus" genannt wurde.
Da sich die Sprachgrenzen nicht exakt an die Landkreisgrenzen halten, lassen sich für Dritte die im heutigen „Bayerisch Schwaben" gespro-

chenen Dialekte am besten an Hand von markanten Wortbeispielen für die drei Regionen Allgäu, Schwaben und Ries nachvollziehen:

Schriftdeutsch	***Allgäu***	***Schwaben***	***Ries***
Haus	*Huus*	*Haus*	*Haus*
Kirchweih	*Kirbe*	*Kirweih*	*Kirwe*
Wetter	*Wäatter*	*Wääadr*	*Weedr*
Sommer	*Summr*	*Sommr*	*Summa*
Januar	*Jänner*	*Januar*	*Januar*
Vater	*Vattr*	*Vaatr*	*Vaadr*
Mädchen	*Feel**	*Määdle*	*Maad*
Nase	*Nääs*	*Nees*	*Naas*
Salat	*Saalat*	*Saaled*	*Salaad*
hat	*huit*	*heit*	*hait*
haben	*hang*	*hann*	*haawa*
sagt	*seit*	*sait/sääd*	*segd*
kannst	*kuscht*	*kouscht*	*kumscht*
tun	*duand/dund*	*dond/deand*	*dean*
lassen	*laa/lang*	*lau*	*lasa*
auch	*ou*	*au/oo*	*aa*
	**lat. filia = Tochter*		

Schriftsprache blieb bis zum 9. Jahrhundert das Latein. Sowohl die „Alamannia" als auch die „Suebia" bezeichneten in den Anfängen noch das gesamte Siedlungsgebiet der Alamannen und Sueben in nachrömischer Zeit. Auch das schwäbische Herzogtum des 10. und 11. Jahrhunderts schloss das Elsass im Westen ebenso mit ein wie Churrätien im Süden, das Gebiet zwischen Iller und Lech im Osten und den Neckargau im Norden. Zu den östlichen Gauen des schwäbischen Herzogtums (10. bis 13. Jahrhundert) gehörten der Riesgau, der Augstgau (Augsburg), der Gau Keltenstein (Kemptner Gebiet, nach der Geltnach so benannt) und der Alpengau (Allgäu). Das Allgäu war also in seinen Ursprüngen ein Teil der Alamannia beziehungsweise des Herzogtums Schwaben, und deshalb erscheint es nur auf den ersten Blick widersprüchlich, wenn es heute zu „Bayerisch Schwaben" „hinzugeschlagen" wird. Dennoch: Einen Allgäuer als Schwaben zu bezeichnen, würde sicherlich nicht ohne Folgen bleiben. Zumindest würde dieser sich vehement dagegen aussprechen.

Bedeutende Handelszentren

„Bayerisch Schwaben" besticht heute in seinem nördlichen Teil durch die städtebaulich beeindruckenden Hinterlassenschaften der Staufer, Wittelsbacher und Habsburger aus der Zeit vom Mittelalter bis zum Ausgang des „Alten Reiches" (um 1800). Das hat in vielen Fällen mit der strategisch bedeutsamen Lage der urbanen Zentren zwischen Iller und Lech zu tun. So errang Donauwörth als bedeutsamer Kreuzungspunkt der beiden großen Handelsstraßen

Neuschwanstein gilt als Inbegriff eines romantischen Schlosses. Hier hat sich der bayerische König Ludwig II. den Traum von einer idealen Ritterburg verwirklichen lassen, ohne selbst das Ende der Bauarbeiten miterleben zu können.

zwischen Würzburg und Augsburg (Nord-Süd) sowie zwischen Ulm und Regensburg (West-Ost) bereits unter den Staufern an Bedeutung, bevor es dann unter den Wittelsbachern um 1300 die Reichsfreiheit erlangte. Die Donauwörther Reichsstraße, eine der schönsten süddeutschen Prachtstraßen aus der Zeit der Renaissance, nahm die historische Nord-Süd-Verbindung auf und diente als pulsierender Markt- und Umschlagplatz. Auch die ehemals Freien Reichsstädte südlich der Donau, die noch heute kreisfreien Städte Augsburg, Memmingen, Kempten und Kaufbeuren, verdanken ihren Ruhm und Erfolg dieser besonderen Bedeutung als Handelszentren.

Prachtstraßen und Prunkbauten

Das schon von den Römern als Provinzhauptstadt Rätiens inthronisierte Augsburg (Augusta Vindelicum), heute Bayerisch Schwabens einzige Großstadt mit circa 290 000 Einwohnern, besticht mit seinen Prachtstraßen und Prunkbauten, die während der Regentschaft des Habsburgers Maximilian I., ab 1486 römisch-deutscher König und von 1508 bis 1519 römisch-deutscher Kaiser, der wegen seiner Vorliebe für die Stadt auch „Bürgermeister von Augsburg" genannt wurde, erbaut wurden. Die durch den Fernhandel mit Italien reich und berühmt gewordenen Augsburger Kaufleute der Familien Welser und Fugger haben in der Stadt am Zusammenfluss von Wertach und Lech ebenfalls ihre städtebaulichen Spuren hinterlassen, darunter das Fuggerpalais mit den Fuggerhäusern in der Maximilianstraße: mit 68 Metern Fassadenlänge der erste Profanbau nördlich der Alpen im Stil der italienischen Renaissance. Mit dem Rathausneubau von Elias Holl entstand im 17. Jahrhundert Augsburgs Wahrzeichen. Der Herzeigebau birgt den „Goldenen Saal", ein dem Sala delle Quattro Porte im Dogenpalast in Venedig nachempfundener und über vier Geschosse aufragender Prachtraum. „Das berühmteste Ausstattungsstück war die kostbar geschnitzte, warmfarbige und reich vergoldete Nußholzdecke mit elf allegorischen Leinwandbildern zum Thema ‚Der Triumph der Weisheit'" (Georg Dehio).

Wer weiß schon, dass Günzburg einmal zu (Vorder-)Österreich gehörte? Hier hatten die Habsburger über Jahrhunderte hinweg das Sagen. Der schmucke Marktplatz besticht mit den dekorativen Fassaden der bürgerlichen Wohnhäuser.

Augsburg war nicht nur die Stadt der Reichstage und der wohlhabenden Kaufmannschaft mit ihren imposanten Prachtbauten. Die Stadt am Zusammenfluss von Wertach und Lech firmiert auch als „Stadt der Ökumene". Alljährlich wird mit dem Friedensfest am 8. August – in Augsburg ein gesetzlicher Feiertag – an das historische Treffen im Jahre 1650 gedacht, als man daran erinnerte, dass mit dem Westfälischen Frieden von 1648, mit dem der Dreißigjährige Krieg (1618 bis 1648) beendet wurde, auch die Parität von katholischem und evangelischem Glauben vereinbart worden war. Dafür hatte man bereits ein gutes Jahrhundert zuvor mit der Confessio Augustana des Jahres 1530 (Bekenntnis von Kaiser Karl V. zur Gleichberechtigung der katholischen und protestantischen Glaubenslehre) und dem Augsburger Religionsfrieden von 1555 einen ersten Etappensieg errungen, wäre da nicht der dreißig Jahre währende große Glaubenskrieg entstanden. Noch heute bezeugt das „traute Nebeneinander" von katholischer St.-Ulrich-und-Afra-Kirche und protestantischer St.-Ulrichs-Predigerkirche diese ökumenische Tradition. 1985 begründeten die Stadt und die Evangelisch-Lutherische Landeskirche den „Augsburger Friedenspreis" in Höhe von 12 500 Euro, den 1994 der damalige Bundespräsident Richard von Weizsäcker verliehen bekam. Ihm folgte 2005 Michael Gorbatschow, der fünfzehn Jahre zuvor bereits den Friedens-Nobelpreis erhalten hatte.

Augsburg ist auch die „Industriestadt", vor allem hinsichtlich der Errungenschaften namhafter Pioniere in der Textil- und Maschinenbauindustrie. 1840 wurde die bis heute erfolgreiche Maschinenfabrik Augsburg-Nürnberg (MAN, heute MAN SE) gegründet. Ein knappes halbes Jahrhundert später erfand hier in Augsburg der Autobauer Rudolf Diesel den nach ihm benannten Diesel-Motor. Ebenfalls im 19. Jahrhundert entstand das Augsburger Textilviertel mit seinen weltweit agierenden Betrieben der Kattunfabrikation, der Baumwollspinnerei und der Weberei. Das Luft- und Raumfahrtunternehmen MT Aerospace AG hat

erst in jüngster Zeit neue Fertigungsanlagen für die Ariane 6 an seinem Augsburger Standort errichtet und damit „den Sprung in das Industrie-4.0-Zeitalter" vollzogen. Bayerisch Schwaben hat sich damit zu einem der Premium-Standorte der europäischen Raumfahrtindustrie entwickelt.

Stolze Reichsstädte

Das im Herzen der ehemaligen Freien Reichsstadt Memmingen städtebaulich bedeutsame Ensemble von ehemaligen Steuerhaus (um 1500), Rathaus (1488) und ehemaliger Großzunft (1719) imponiert durch seine nicht gerade zurückhaltende Zurschaustellung von Macht und Reichtum. Korbbogige Portale, Pilaster mit Zierrosetten im Stil der Renaissance, stuckierter Rocailledekor, kunstvoll geschwungene Volutengiebel, spektakuläre Fassadenmalereien über rundbogigen Arkaden und ein ziervoller Balkon mit reichem, schmiedeeisernen Gitter – überbordende Pracht und zugleich im Ruhm schwelgendes Selbstbewusstsein einer Freien Reichsstadt!
Da bleibt Kempten, mit über zweitausend Jahren Deutschlands älteste Stadt, nicht zurück! Voller Stolz erhebt sich, zentral gelegen, das 1474 in Steinbau errichtete, freistehende Rathaus mit seinem dekorativen Treppenvorbau als sichtbares Zeichen der bürgerlichen Selbstverwaltung – und dies in Opposition zur katholischen Stiftsstadt Kempten, deren Einfluss auf die Schenkung der Grafschaft Kempten als Reichslehen an das Kloster Kempten im Jahre 1213 zurückreicht. Erst 1525 gelang es der Bürgerstadt Kempten, sich von der Herrschaft des reichsfürstlichen Stifts zu befreien. Beeindruckend ist noch heute die einst fürstbischöfliche Residenz mit ihrer kostbaren Rokokoausstattung. Kaufbeuren, die vierte ehemalige Freie Reichsstadt im bayerischen Schwaben, renommiert ebenfalls mit dem historischen Rathaus, das hier den Abschluss der prachtvollen Kaiser-Max-Straße bildet.

Romantische Alpenlandschaft

Im Süden des bayerischen Bezirks Schwaben pfundet das Allgäu weniger mit städtebaulichen Höhepunkten als mit der grandiosen Landschaft, die sich von den Gipfeln der nördlichen Kalkalpen (Allgäuer Alpen) bis zum sanfthügeligen Alpenvorland erstreckt. Von den 225 Bergen erreichen 50 eine Höhe von über 2000 Metern. Der Heilbronner Weg sowie der Hindelanger und der Mindelheimer Klettersteig durchqueren diese hochalpine Landschaft im tiefsten Süden Deutschlands. Doch nicht nur das Alpenpanorama selbst, auch dessen Romantisierung durch das bayerische Königs-

20-C+M+B-17

Im Illerbeurer Bauernhofmuseum lädt das Museumsgasthaus Gromerhof zur Einkehr. Dort steht zum Beispiel das „Schwaebische Leckerle" auf der Speisekarte: ein Zwiebelrostbraten auf Allgäuer Kässpätzle mit gerösteten Zwiebeln.

haus unter Maximilian II. Joseph (1848–1864) und dessen Sohn Ludwig II., dem sogenannten Märchenkönig (1864–1886), prägt bis heute das Image dieser „romantischen Seele Bayerns". Mit diesem Slogan bewirbt Füssen sein aufsehenerregendes Szenario rund um die Stadt. Für den Tourismus ist die Superdestination König Ludwig II. noch nicht gestorben. Als virtueller Guide heißt Ludwig seine Gäste willkommen: „Gestatten, mein Name ist Ludwig! Nicht der Märchenkönig, der mit seinem Bauwerk Schloss Neuschwanstein weltbekannt geworden ist. Ich lebe heute, hier und jetzt und bin auf der Suche nach dem, was meinem Herzen Antwort gibt … Und so bin ich diesem Visionär begegnet, der seiner Sehnsucht gefolgt ist und ihr mit seinen Bauwerken Flügel gegeben hat. Ich habe an seinen Plätzen gesessen und mich auf seinen Spuren inspirieren lassen, um zu verstehen, und vor allem zu fühlen, was Ludwig II. seit seiner Kindheit an dieser Landschaft so sehr fasziniert hat." Professionelles Marketing im Geist der Zweiten Moderne. Chapeau Füssen!

Albigaue

Doch da war doch noch etwas: Ja, das Allgäu als real existierende Kulturlandschaft mit bewegter Geschichte. Es wurde erstmals in einer karolingischen Urkunde aus dem Jahre 817 als „Albigaue" bezeugt, womit das Dreieck zwischen den Gemeinden Immenstadt, Bad Hindelang und Oberstdorf gemeint ist. Der Name geht auf den besagten Alpengau des Herzogtums Schwaben zurück und leitet sich ab von den beiden Wortstämmen „Alb" (Alp = Berg; vergleiche alpin, Alpen) und „Gäu" (Gau = wasserreiche Auenlandschaft). Das Landschaftsbild des Allgäus war bis vor 200 Jahren weitgehend vom Flachsbau geprägt, mit dem man die über die Region hinaus bedeutsame Leinenherstellung betrieb. Die blaublütigen Leinpflanzen drückten der Landschaft den Stempel eines „blauen Allgäus" auf. Als dann maschinell hergestellte und damit weitaus kostengünstigere Textilien das Land überfluteten – zunächst überwiegend aus dem industriell schon früh

geprägten England –, und die Landwirtschaft auf Viehzucht und Käseproduktion umgestellt worden war, dominierten die grünen Wiesen und Weiden das Erscheinungsbild des Allgäuer Alpenvorlandes. Fortan war nur noch vom „grünen Allgäu" die Rede.
Was die beiden Kulturräume des Allgäus und Schwabens vereint, ist die beeindruckende Landschaftsgeschichte, die vor etwa 15 000 Jahren geschrieben wurde. Die letzte Eiszeit (sogenannte Würm-Kaltzeit) war gerade ausgeklungen und die riesigen Eismassen, die sich in den Gletschern der Hochalpen abgelagert hatten, begannen abzutauen. Ganze Ströme von Schmelzwassern ergossen sich in die Täler und Tiefen und nahmen dabei unendlich große Mengen von Gesteinsbrocken und Geröll mit sich auf den Weg nach Norden. So sind das Allgäu und Schwaben, wie wir es heute kennen, aufgebaut von Nord nach Süd, dem Gefälle folgend, denn anders kann das Wasser nicht abfließen. Ganz egal ob es sich um ein bachähnliches Rinnsal oder um eine gigantische Schmelzwasserlawine handelt. „Unten" stieß der Großteil der Wassermassen auf das Bett der Urdonau, die sich in west-östlicher Richtung vom Schwarzwald her kommend ihren Weg ins nächstgelegene Meer sucht, ins Schwarze Meer, wo ihre Wasser dann wieder dem natürlichen Wasserkreislauf von Verdunstung und Niederschlag anheimgegeben wurden. Die Wissenschaft ist sich heute sicher, dass wir nicht selten eben dieses Wasser aus dieser letzten Eiszeit heute wieder in Form eines frisch aufgebrühten Tee- oder Kaffeegetränks genießen. Auf der Erde, und das ist unumstößlich, geht nie und nimmer auch nur ein einziger Tropfen Wasser verloren.

Geformt durch Wasser

Auf ihrem Weg zur Donau haben die Schmelzwasserströme größere und kleinere Flüsse hinterlassen, die unsere Landschaft bis heute prägen: die Iller, die Wertach und den Lech, die alle drei noch heute in südnördlicher Richtung vom Hauptkamm der nördlichen Kalkalpen kommen und sich im Norden des heutigen Bayerisch Schwaben bei Neu-Ulm und Rain in die Donau ergießen. Zuvor hat die Wertach bereits in Augsburg ihre Wasser dem Lech auf die Reise mitgegeben. Viele der Schuttmassen blieben in der Landschaft liegen, nachdem die Schmelzwasserströme sich neue Wege gesucht hatten. Am auffälligsten sind die sogenannten Endmoränen, die zu ihren Füßen einiges an Wassern aufgestaut und so heute reizvolle Seenlandschaften geschaffen haben. Gen Norden zu bot sich dem Schmelzwasser kein Hindernis mehr, der Schotter und die Gesteinsbrocken blieben auf dem flachen Boden liegen und bil-

Herzstück des Augsburger Rathauses von Elias Holl ist der über drei Geschosse aufragende Goldene Saal, der im Zweiten Weltkrieg schwer getroffen und dessen mit reichlich Goldschmuck verzierte Nussholzdecke erst in den 1980er-Jahren restauriert werden konnte.

deten eine großflächige Terrassenlandschaft, durch die sich die Schmelzwasser, zum Teil mit letzter Kraft und daher extrem mäandrierend – wie zum Beispiel beim Lechdelta – der Donau anheimgaben. Hier haben sich im Verlauf der Jahrtausende reizvoll anmutende Auenlandschaften und dort, wo das Wasser bodenständig wurde, Moore und Riede herausgebildet, die der „moderne“ Mensch in wenigen Jahrzehnten größtenteils besiedelt und versiegelt und so betrachtet „beiseitegeschafft“ hat.

Diese prozessual gesehen homogene Landschaftsentwicklung prägt genau den Raum des bayerischen Bezirks Schwaben – und das alleine wäre schon Grund genug, über Schwaben und (!) das Allgäu ein gemeinsames Buch zu verfassen.

Seite 22/23:
Auf dem neu eingerichteten barrierefreien Nordwandsteig lässt sich der Gipfelbereich des Nebelhorns, des Hausbergs von Oberstdorf, in 2200 Metern Höhe bequem umrunden.

Seite 24/25:
Vom Leuchtturm blickt man auf den Lindauer Hafen. Der Bayerische Löwe repräsentierte im 19. Jahrhundert königlich bayerisches Hoheitsgebiet. Die Stadtinsel Lindau ist auch heute noch der südwestlichste Zipfel des Freistaats.

FEUERWEHR LINDAU

Landeplätze für
Segel- und Motorboote
grundsätzlich gebührenpflichtig
Belegung mit Zustimmung
des Hafenmeisters
Tel. 0049 (0) 171 - 83 61 629

Von Nördlingen nach Neu-Ulm – Ries und Donautal

Birkhausen schmiegt sich in die sanfthügelige Landschaft bei Wallerstein im Ries. Um den Kirchturm von St. Vitus scharen sich die hier noch einheitlich eingedeckten Dächer der Häuser.

Zwischen Ulm und Donauwörth und damit zwischen den Mündungsbereichen der Iller und des Lechs erstreckt sich das schwäbische Donautal in einer breit angelegten Talebene. Riesige Schmelzwasserströme haben sich in den letzten Eiszeiten hier in die Donau ergossen. Ufernahe Auwälder säumen den Fluss auf weiten Strecken.

Nördlich der Donau umfasst Bayerisch Schwaben das Ries, eine noch heute vom Meteoriteneinschlag vor 15 Millionen Jahren geprägte Landschaft, die von den Anhöhen des kreisrunden Rieskraters umsäumt wird. In dessen Zentrum erhebt sich „Daniel", der Kirchturm von St. Georg, über die Dächer der mittelalterlichen Handelsstadt Nördlingen. Mit Harburg, dessen Höhenburg zu den bedeutendsten mittelalterlichen Wehrbauten Süddeutschlands gezählt wird, Wemding, das als Wallfahrtsort berühmt wurde und Oettingen, dessen Grafengeschlecht im Mittelalter ein über die Lande hinausgehendes Ansehen genoss, hat das Ries eine Menge an Natur- und Kulturgeschichte aufzubieten. Teile Bayerisch Schwabens erstrecken sich im Westen auf dem Gebiet der Schwäbischen Alb und östlich auf dem Boden der südlichen Frankenalb.

Kulturelle Höhepunkte im schwäbischen Donautal sind die Kreisstädte Neu-Ulm, Günzburg und Dillingen sowie die ehemals Freie Reichsstadt Donauwörth. Während Neu-Ulm als Stadt erst im Königreich Bayern zu Beginn des 19. Jahrhunderts zur Geltung kam, war Günzburg bereits zur Römerzeit ein bedeutender Kastellstandort am Donaulimes. Dillingen war und ist eine Stadt der Bildung und der Theologie. Aus dem in der Gegenreformation berühmt gewordenen Jesuitenkolleg entwickelte sich die katholische Universität. Noch heute wirkt die Dillinger Akademie für Lehrerfortbildung über die Grenzen der Region hinaus bildungsfördernd. Donauwörth besitzt mit dem Kloster Heilig Kreuz, dem Fuggerhaus und dem Münster drei herausragende Kunstdenkmäler, und die Reichsstraße zählt zu den schönsten Prachtstraßen Bayerns.

Oben: *Oettingen war einmal eine in zwei Adelsherrschaften und Konfessionen gespaltene Stadt: in die Linie Oettingen-Wallerstein (katholisch) und die Linie Oettingen-Oettingen (protestantisch). Zweigeteilt war auch die Schlossstraße mit den Barockbauten auf der Ostseite (evangelisch) und den Fachwerkbauten (katholisch) gegenüber. Im Zentrum das Rathaus und im Hintergrund das Untere Tor.*

Rechts: *Im Hof des Neuen Schlosses von Oettingen erhebt sich der Schlossbrunnen mit der Steinfigur der Maria vom Siege. Der Turm der evangelischen Pfarrkirche St. Jakob überragt die Gebäude der fürstlichen Residenz.*

Oben:
Die ehemalige Klosterkirche Maria Immaculata in Maihingen wurde von dem Minoritenbruder Ulrich Beer geplant und in den Jahren nach 1712 im Stil des Spätbarock errichtet. Das Kloster geht auf eine Stiftung der Grafen von Oettingen zurück.

Links:
Schloss Wallerstein im Ries strahlt noch heute eine gediegene Eleganz aus. Das „Grüne Haus“, der „Welsche Bau“ und der „Galeriebau“ gruppieren sich um den dreiseitigen Innenhof. Die Arkaden führen zum Schlossgarten. Rechterhand der Turm der Schlosskapelle mit der für die Gegend typischen Zwiebelhaube.

Unten:
Blick vom Nördlinger Daniel nach Westen. Im Hintergrund die Höhenzüge des Kraterrandes. Wer sich über die große Naturkatastrophe vor 15 Millionen Jahren ein Bild verschaffen möchte, dem sei ein Besuch des Rieskrater-Museums in Nördlingen empfohlen.

Rechts oben:
Nördlingen wird noch heute von einem 2,6 Kilometer langen, geschlossenen Mauerring umgeben, der auf die historische Stadtbefestigung des 14. Jahrhunderts zurückgeht. Fünf Tore, drei Basteien und Bollwerke sowie zahlreiche Türme verstärken den überdachten Mauerring.

Rechts Mitte:
Laue Sommerabende locken Fremde und Einheimische in die zahlreichen Straßencafés und Restaurants der Nördlinger Altstadt. In der linken Bild-

hälfte beherrscht das ehemalige Brot- und Tanzhaus aus dem Jahre 1444 die Szene. Der stolze Bau bot zu Messezeiten Ausstellungsflächen für die Tuchhändler.

Rechts unten:
Eine Freitreppe führt zum Nördlinger Rathaus, das auf das Jahr 1382 zurückgeht. Der Treppenbau wurde allerdings erst im Jahre 1618 angefügt. Er besteht aus einem Suevit-Haustein, stammt also von geschmolzenem Stein aus der Zeit des Meteoriteneinschlags. Unter dem Treppenlauf sieht man die Zugänge zu den ehemaligen Gefängniszellen.

Linke Seite:
Auf der noch heute stolz aufragenden Burgruine Niederhaus bei Ederheim am südlichen Riesrand saßen im Mittelalter die Herren von Hürnheim, bevor der Schwäbische Städtebund sie 1379 verwüstete. Noch zweimal wechselte die Anlage, deren Geschichte bis ins 12. Jahrhundert zurückreicht, ihre Besitzer.

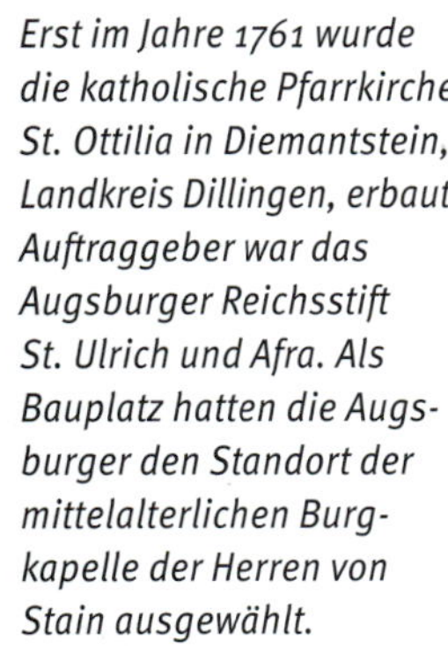

Erst im Jahre 1761 wurde die katholische Pfarrkirche St. Ottilia in Diemantstein, Landkreis Dillingen, erbaut. Auftraggeber war das Augsburger Reichsstift St. Ulrich und Afra. Als Bauplatz hatten die Augsburger den Standort der mittelalterlichen Burgkapelle der Herren von Stain ausgewählt.

Mönchsdeggingen liegt in der Rieslandschaft zu Füßen des südlichen Kraterrands. Wie der Ortsname verrät, befand sich hier ein Kloster, das sich jahrhundertelang im Besitz der katholischen Grafen von Oettingen-Wallerstein befand; ganz im Gegensatz zum Dorf, das unter den Grafen von Oettingen-Oettingen die Reformation durchführte.

Rechts:
Das stattliche Rathaus in Monheim wurde um 1730 von dem jüdischen Kaufmann Abraham Elias Model erbaut, bevor es in den Besitz der Stadt überging. Im zweiten Stockwerk befand sich die Synagoge, deren Räume noch heute über sehenswerte Stuckdecken verfügen.

Unten:
Der Wemdinger Marktplatz hat sich in den letzten Jahren zu einem schmucken Platzensemble entwickelt. Beeindruckend ist die Fassade des historischen Gasthofs zur Krone (1410). Im Hintergrund erheben sich die beiden Türme der Stadtpfarrkirche St. Emmeram. Der Marktbrunnen stammt aus dem 17. Jahrhundert.

Oben:
Von der Harburg blickt man auf die Wörnitz, über die man auf einer sehenswerten siebenbogigen Steinbrücke aus dem 17. Jahrhundert in die Stadtmitte zum Marktplatz gelangt. Der Ort Harburg wurde im 12. Jahrhundert von den Staufern zur Stadt ausgebaut.

Links:
Die Harburg thront auf einem steilen Felsen über der Wörnitz. 1250 gelangte sie in den Besitz der Staufer, bevor die Grafen von Oettingen-Wallerstein die Anlage um 1500 herum zu ihrer Residenz erkoren. Noch heute befinden sich hier die fürstlichen Kunstsammlungen (rechts der Fürstenbau). Die Burg zählt zu den umfangreichsten und besterhaltenen Anlagen Süddeutschlands.

Links:
Einen weiten Ausblick hat man vom Gipfelkreuz des Bockberges bei Harburg. 562 Meter hoch erhebt er sich am südöstlichen Rand des Rieskraters und lädt zum Beispiel auf dem Bockrundweg zum Spazierengehen und Wandern ein.

Unten:
Hoch über dem Donautal thront, schon von weitem sichtbar, majestätisch Schloss Leitheim und seine Schlosskirche St. Blasius. Im 16. Jahrhundert zog es die Kaisheimer Äbte auf die markante Anhöhe, wo sie einen Weinberg anlegten und ihn mit einer Mauer umgaben.

Oben:
Auwaldregionen säumen die Donau bei Marxheim, wo der Lech mündet. Die Donau ist hier noch mit einigen Altarmabschnitten westlich und östlich von Bruck vertreten.

Linke Seite:
Reste der Donauwörther Stadtmauer sind noch am Ufer der Kleinen Wörnitz erhalten. Im Bildhintergrund überragt der Turm des gotischen Liebfrauenmünsters die Dachlandschaft der Altstadt.

Der westliche Ausläufer der Reichsstraße in Donauwörth schmückt sich mit dem Reichsstadtbrunnen und dem markanten Bau des ehemaligen Fuggerhauses (heute Landratsamt). Im Hintergrund erhebt sich links der Kirchturm der barocken Kloster- und Wallfahrtskirche Heilig Kreuz.

Im Rieder Tor aus dem Jahre 1811 ist heute das „Haus der Stadtgeschichte" untergebracht. Dessen Sammlungen dokumentieren die Stadtentwicklung und zeigen Werke einst in Donauwörth ansässiger Künstler, darunter Arbeiten des Barockmalers Johann Baptist Enderle (1725–1798).

Viele Herrschaften – historischer Flickenteppich

Den Raum zwischen Donau und bayerischen Alpen besiedelten in vorgeschichtlicher Zeit die keltischen Vindeliker, bevor um die Zeitenwende herum (14 n. Chr.) erstmals römische Besatzungstruppen das Gebiet einnahmen und mit der „Augusta Vindelicum“ (das spätere Augsburg) ein urbanes Zentrum am Zusammenfluss von Wertach und Lech gründeten. Nach dem nicht gerade freiwilligen Abzug der Römer drangen aus den elbgermanischen Gebieten die Alamannen in den heute südwestdeutschen Voralpenraum ein, dessen östliche Grenze der Lech bildet. Den Alamannen folgten nach ihrer Niederlage (496 n. Chr.) fränkische Kolonisten, die das Land ihrem Herrschaftsgebiet einverleibten und die Alamannen zu ihren Untertanen degradierten. Unter fränkischer Oberhoheit entstand – mit weitgehend autonomen Rechten versehen – das Stammesherzogtum Alamannien, in deren Ostteil die Sueben siedelten. Sie wurden von den fränkischen Missionaren, allen voran von St. Gallus und seinen Mannen aus dem Bodenseegebiet christianisiert. Nach Aufständen der Alamannen um die Mitte des 8. Jahrhunderts herum, und nachdem die Franken deren Anführer 746 im sogenannten Blutgericht von Cannstadt umgebracht hatten, wurde dieses politische Gebilde aufgelöst. Nach einer langwierigen Grafschaftsreform entstand im 10. Jahrhundert ein neues Herzogtum von Frankens Gnaden, das als „Herzogtum Schwaben“ bezeichnet wurde.

Staufer, Wittelsbacher und Habsburger

Unter den aus dem Ries stammenden Staufern, die um 1100 den Titel „Herzöge von Schwaben“ zugesprochen bekamen, erfolgte im Hochmittelalter der planmäßige Ausbau der Region zwischen Iller und Lech. Sie war für die strategische Sicherung der Nord-Süd-Achse zwischen den ostfränkischen Zentren Würzburg, Bamberg, Nürnberg und den Alpenübergängen nach Italien (Via Claudia) ebenso bedeutsam wie für die Ost-West-Achse zwischen den rheinischen Stammlanden und Bayern. 1180 hatte dann der Stauferkaiser Friedrich I. Barbarossa dem von der Burg Wittelsbach stammenden Otto I. das Herzogtum Bayern übergeben. Mit dem Niedergang der Staufer im 13. Jahrhundert und dem endgültigen Aus für das Herzogtum Schwaben im Jahre 1308 setzten sich mehrere europäische Herrscherhäuser in der Region fest: neben den Wittelsbachern die in Wien residierenden Habsburger. Darüber hinaus richteten sich hier verschiedene geistliche Herrschaften ein, wie zum Beispiel das Bistum Augsburg und diverse Reichsklöster, sowie etliche reichsfreie Territorien wie Grafschaften, Reichsstädte oder Ritterorden, so dass die Historiker von der Region als „historischer Flickenteppich“ sprechen. Dieser Zustand prägte auch den „Schwäbischen Kreis“, der von den Verfechtern der Reichsidee im 16. Jahrhundert als politisches Dach für die Region gegründet wurde und der bis zum Ende des Heiligen Römischen Reichs deutscher Nation andauerte. Sein Geltungsbereich war allerdings wesentlich kleiner als das ursprüngliche Herzogtum Schwaben, zu dem auch Vorarlberg, das Elsass und große Teile der heutigen Schweiz gehörten.

Neuordnung

Um 1800 wurde unter Napoleon der süddeutsche Raum neu geordnet. Mit dem Reichsdeputationshauptschluss kamen 1803 zahlreiche schwäbische Gebiete zum Kurfürstentum Bayern, darunter neben den Besitzungen der Reichsklöster und der Reichsstädte auch die Fürstentümer der Fugger, Hohenlohe und Oettingen. So entstand die „Baierische Provinz Schwaben“. Im Jahre 1806 entstanden die beiden Königreiche Württemberg und Bayern (ab 1848 konstitutionelle Monarchien). In den 40er-Jahren des 20. Jahrhunderts wurden dann für Bayern sieben neue Regierungsbezirke geschaffen, darunter „Schwaben“ mit Augsburg als Sitz der „Regierung von Schwaben“. Die Bezeichnung „Bayerisch Schwaben“ ist heute allgemein verbreitet, um damit dem Umstand gerecht zu werden, dass der bayerische Bezirk nur ein Drittel dessen umfasst, was man allgemein unter Schwaben versteht, das heißt alle in Baden-Württemberg und Bayern gelegenen schwäbischen Gebiete.

Links: *Im Augsburger Fugger- und Welser-Erlebnismuseum ist eine Abteilung dem Bergbau gewidmet. Erfolgreich waren die Augsburger unter anderem mit dem Handel von Edelmetallen.*

Oben: *Eingang zum Wittelsbacher Schloss in Friedberg. Die 1257 unter dem Wittelsbacher Herzog Ludwig II. dem Strengen errichtete Höhenburg wurde mehrfach ausgebaut und umgestaltet. Heute beherbergt sie ein Kulturzentrum.*

Kleine Bilder rechts, von oben nach unten: Um 1100 herum bestand bereits ein einfaches befestigtes Haus der Burgmannen von Unterwittelsbach. 1838 gelangte es in den Besitz des Bayerischen Herzogs Max, des Vaters der österreichischen Kaiserin Elisabeth (Sissi).

Der Baukomplex des Fuggerpalais und der Fuggerhäuser in der Augsburger Maximilianstraße wurde im frühen 16. Jahrhundert errichtet. Das Adlertor führt zur Fürst-Fugger-Privatbank.

Der bayerische Herzog Stephan III., auch Stephan der Kneißel, von Bayern-Ingolstadt ließ das Schloss Rain um 1400 herum im spätgotischen Stil erbauen.

„Phoebiana“ nannte sich in einer Schrifttafel aus dem Jahre 212 n. Chr. die römische Siedlung an einem der Verkehrsknotenpunkte des Limes. Vom ehemaligen Tempelbezirk im heutigen Faimingen wurden eine doppelte Säulenhalle, die Cella und ihr Vorhof freigelegt.

Oben:
Schloss Wertingen im Landkreis Dillingen gehörte einmal der Augsburger Patrizierfamilie Langmantel, bevor es nach Irrungen und Wirrungen um 1700 zum Kurfürstentum Bayern kam. Heute beherbergt es die Verwaltungsgemeinschaft und das Heimatmuseum von Wertingen.

Rechts:
Der „Erlebnis-Blumenpark Dehner" in Rain bietet ein ansprechendes Kombi-Programm aus Schaugärten, Freizeitvergnügungen, Einkaufsmöglichkeiten und Genussmeile. Hier finden Gartenfreunde alles, was sie sich wünschen.

Links:
Die klassische Vierflügelanlage des Schlosses in Höchstädt wird vom Turm der Schlosskapelle zum gekreuzigten Heiland überragt. Sie birgt wertvolle Wand- und Deckenfresken zur Heilsgeschichte (1601).

Unten:
Der Goldene Saal in der ehemaligen Universität (Jesuitenkolleg) in Dillingen wird von einer Decke überspannt, mit der sich der Lauinger Maler Johann Anwander ein bleibendes Denkmal setzte (1761–1764).

Oben:
Der Klostergarten in Oberelchingen (Landkreis Neu-Ulm) fühlt sich ganz der Tradition der einst berühmten Benediktiner-Reichsabtei Elchingen (1484–1803) verbunden. Das Pflanzprogramm richtet sich nach den Vorgaben mittelalterlicher Klostergärten aus.

Rechts:
Der Gemüseanbau hat in Gundelfingen eine lange Tradition. Als Freilandkulturen werden hier Wurzelgemüse, verschiedene Salate und Kohlarten wie Weißkohl und Blaukraut angebaut.

Links:
Zwiebelhauben im Duett: In der ehemaligen Markgrafenstadt Burgau, seit 1301 zum österreichischen Haus Habsburg gehörig, wetteifern der 1614 errichtete Blockhausturm (links) und der Turm der Pfarrkirche Mariä Himmelfahrt (1630) um den schönsten Dachabschluss.

Unten:
Mediterraner Flair auf dem Marktplatz in Günzburg. „Klein-Wien" – so nannte man die Donaustadt in früheren Zeiten – war 505 Jahre unter habsburgischer Herrschaft.

Links:
Der Storchenbrunnen auf dem Schlossplatz gehört neben dem Bayerischen Schulmuseum im Unteren Schloss und dem Neubau zu den Sehenswürdigkeiten von Ichenhausen. Das Untere Schloss stammt vom Ende des 17. Jahrhunderts.

Links Mitte:
Neu-Ulm wirbt auch damit, dass man von hier aus den schönsten Blick auf die Münsterstadt Ulm genießt, wie zum Beispiel in diesem herrlichen Biergarten am Ufer der Donau. Die „Stadt"

Neu-Ulm zählte um 1800 ganze 64 Einwohner, bevor es 1802 bayerisch und 1841 zur Bundesfestung ausgebaut wurde. Heute leben in der Großen Kreisstadt knapp 60 000 Einwohner.

Links unten:
Das Stadtpanorama von Lauingen an der Donau wird überragt vom Turm der Spitalkirche St. Alban (links) und dem sogenannten Schimmelturm, der im 15. Jahrhundert 54 Meter hoch errichtet wurde.

Unten:
Blick über die Donau zum Ulmer Münster. 768 Stufen führen hinauf zur Spitze des 161 Meter hohen Turms. Der Zugang ist gebührenpflichtig, die Schwindelgefühle sind gratis. Die Mühe lohnt sich: Der Ausblick auf Ulm und die Donau ist eigentlich unbezahlbar!

Rechte Seite:
Das ehemalige Prämonstratenser-Reichsstift Roggenburg stellte seinen Ruhm und Reichtum mit der beeindruckenden Doppelturmfassade seiner Klosterkirche Mariä Himmelfahrt unter Beweis. Im Bildvordergrund St. Agatha in Ingstetten.

Rechts:
Auf einer Anhöhe der „Oberen Stadt" thront das attraktive Schloss Leipheim. Vorburg und Bering mit Türmen, Zwinger und Graben sind noch gut erhalten. Der Hauptbau stammt aus dem Jahre 1559.

Ganz rechts:
Im Innern der ehemaligen Klosterkirche in Ursberg beeindruckt heute die Umgestaltung des querhauslosen Kirchenschiffs im Stil des Spätbarock von Joseph Dossenberger d. J.

Rechts:
Der Innenhof des Vöhlinschlosses von Illertissen wird nach Nordosten hin durch eine Arkadengalerie begrenzt. 1520 gelangte das Schloss an die Patrizierfamilie Vöhlin aus Memmingen (bis 1756). Heute befinden sich hier das Heimatmuseum und das Bienenmuseum.

Seite 50/51:
Durch die mittelschwäbische Stadt Krumbach schlängelt sich die Kammel. Überragt wird die Szene vom repräsentativen Rokokoturm der Pfarrkirche St. Michael, die 1752 erbaut wurde.

EIS & CO
SCHUHHAUS BAUM
Rausch
PAUL

Der künstlich aufgestaute Kuhsee beim Augsburger Ortsteil Hochzoll geht auf eine historische Kuhtränke zurück. Heute bietet der Hochwasserschutz-Stausee Badefreunden allerlei Vergnügungen und den Ruhesuchenden Naherholung pur.

Das Rathaus der ehemals Freien Reichsstadt Augsburg erhebt sich als imposanter Barockbau an der Maximilianstraße, der alten Handels- und Prozessionsstraße zwischen dem Dom und St. Ulrich und Afra. Gemeinsam mit dem Perlachturm, dem Neuen Bau und dem Augustusbrunnen wurde hier ein Denkmal reichsstädtischer Herrlichkeit gesetzt, das noch heute mit dem angrenzenden Rathausplatz zusammenbetrachtet ein spektakuläres Ensemble im Herzen der Lechstadt bildet.

Nicht nur Kaiser Maximilian I. hatte der Stadt Augsburg zu Ruhm und Ehre verholfen. Auch die Familie der Fugger hatte an Augsburgs Ansehen im Reich einen erheblichen Anteil. Handelsgeschäfte mit halb Europa verhalfen den Fuggern zu Reichtum und Macht, was sie in ihren Wohn- und Geschäftsbauten auch gerne zur Schau stellten. Der insgesamt 68 Meter lange Baukomplex des Fuggerpalais und der Fuggerhäuser in der Maximilianstraße wurde im frühen 16. Jahrhundert unter Jakob Fugger d. Ä. als erster Profanbau nördlich der Alpen im Stil der italienischen Renaissance errichtet. Auch andere Patrizierfamilien ließen es sich nicht nehmen, ihren Reichtum in Stein zu verewigen. So bezeugt noch heute das Schaezlerpalais in der Maximilianstraße das immense Vermögen des einflussreichen Bankiers Benedikt Adam Liebert, dessen Schwiegersohn Johann Lorenz Freiherr von Schaezler 1824 in den Besitz des Prachtbaus gelangte. Vor dem Palais erhebt sich der Herkulesbrunnen, den Adriaen de Vries in den Jahren von 1596 bis 1600 modelliert hat. Zu bestaunen gilt es Herkules, der mit der Flammenkeule die siebenköpfige Wasserschlange Hydra bezwingt. Das Figurenprogramm mit den wasserspeienden Nymphen und Knaben versinnbildlicht den Wasserreichtum der Region und den Erfindergeist des Menschen, der die wilden Wasser zu bändigen versteht, um sie sich dienstbar zu machen. Auf vergoldeten Bronzereliefs wird an die Herkunft Augsburgs aus römischer Zeit erinnert.

Links:
Hier schlägt das kulturgeschichtliche Herz der einst Freien Reichsstadt Augsburg: Mit dem vielleicht schönsten Rathaus im Stil der Renaissance nördlich der Alpen, dem Perlachturm und dem Rathausplatz gibt es ein Zentrum, das nicht nur zur Weihnachtszeit als „gute Stube" Augsburgs empfunden wird.

Unten:
Vor dem Schaezlerpalais in Augsburg hat sich Adriaen de Vries mit dem Herkulesbrunnen selbst ein Denkmal seiner Modellierkunst geschaffen (um 1600). Zu Füßen des gegen die siebenköpfige Wasserschlange Hydra kämpfenden Herkules gruppieren sich anmutige Nymphen und Knaben.

Ganz unten:
Der insgesamt 68 Meter lange Baukomplex des Fuggerpalais (ehemaliger Stadtpalast) und der Fuggerhäuser (ehemaliges Lagerhaus) in der Maximilianstraße wurde im frühen 16. Jahrhundert unter Jakob Fugger d. Ä. errichtet und mit vier Innenhöfen ausgestattet.

Oben:
Im 19. Jahrhundert entstand das Augsburger Textilviertel mit seinen weltweit agierenden Betrieben der Kattunfabrikation, der Baumwollspinnerei und der Weberei. Im Bild das alte Kesselhaus der Augsburger Kammgarnspinnerei.

Rechts:
In den 67 Häusern der Fuggerei leben heute in 142 Wohnungen überwiegend ältere und bedürftige Menschen katholischen Glaubens. 1521 hatten Jakob Fugger „der Reiche" und seine beiden Brüder Ulrich und Georg eine bis heute bestehende Stiftung ins Leben gerufen: „Zum Heil der Stadt und voll inniger Dankbarkeit für die vom Herrgott empfangenen Güter".

Oben:
Ein sonniger Spätnachmittag in Augsburgs Innenstadt. Vom Königsplatz blickt man in die Annastraße, wo sich der Turm von St. Anna über die Dächerlandschaft erhebt.

Links:
Denkmal für Jakob Fugger den Reichen (1459–1525). Er galt bereits zu Lebzeiten als bedeutendster Bankier Europas. Modelliert wurde das Denkmal von Friedrich Brugger, gespendet hat es der Stadt Augsburg König Ludwig I. von Bayern im Jahr 1857.

Linke Seite:
Vorbei am Roten Tor, einem prachtvollen Turmbau von Elias Holl, fällt der Blick auf St. Ulrich und Afra. In der ehemaligen Benediktinerstiftskirche haben die beiden Stadtheiligen, die Märtyrerin Afra (4. Jahrhundert) und der Augsburger Bischof Ulrich (10. Jahrhundert) ihre letzten Ruhestätten.

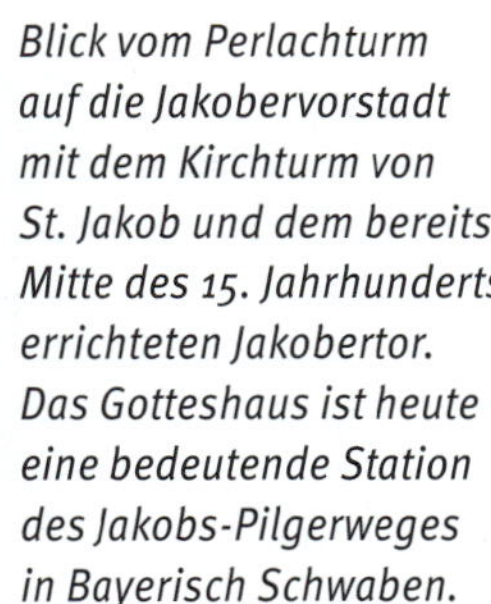

Blick vom Perlachturm auf die Jakobervorstadt mit dem Kirchturm von St. Jakob und dem bereits Mitte des 15. Jahrhunderts errichteten Jakobertor. Das Gotteshaus ist heute eine bedeutende Station des Jakobs-Pilgerweges in Bayerisch Schwaben.

In der ehemaligen fürstbischöflichen Residenz im Fronhof „residiert" heute die Regierung von Schwaben. Über dem Portal befindet sich der sogenannte Papst-Balkon, den Papst Pius VI. bei seinem Besuch im Jahre 1782 und Papst Johannes Paul II. im Jahre 1987 nutzten, um den Gläubigen Augsburgs den päpstlichen Segen zu spenden.

Links:
Die Augsburger Synagoge wurde in den Jahren von 1914 bis 1917 im Jugendstil erbaut, in der Reichskristallnacht 1938 von den Nationalsozialisten gestürmt, gebrandschatzt und zerstört, und in den 1980er-Jahren wieder aufgebaut.

Links unten:
Michael Kurz erbaute in den Jahren von 1907 bis 1910 (Jugendstil) die katholische Pfarrkirche Herz Jesu in Augsburg-Pfersee. Der Tabernakelaltar in der Apsis wird von neun Säulen eingerahmt und von einem Baldachin überdacht.

Unten:
Im Augsburger „Hohen Dom“ (Mariendom) beherrscht heute wieder die gotische Stilrichtung des 14. und 15. Jahrhunderts das Kircheninnere, nachdem im Bildersturm der Reformationszeit (1532) die Inneneinrichtung zerstört und im 17. und 18. Jahrhundert die Lücken durch barocke Kunstgegenstände gefüllt worden waren.

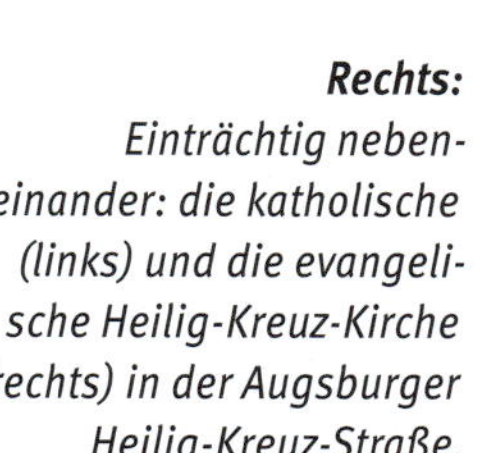

Rechts:
Einträchtig neben-einander: die katholische (links) und die evangelische Heilig-Kreuz-Kirche (rechts) in der Augsburger Heilig-Kreuz-Straße.

Rechts unten:
Aus der Werkstatt des Memminger Kunsthandwerkers Wilhelm Vogt stammt der neugotische Altar von 1898 im Ostchor des ehemaligen Karmelitenklosters St. Anna. In dem Kloster hatte 1518 Martin Luther Zuflucht vor den kaiserlichen Soldaten gefunden.

Rechts:
Zum Plärrer-Volksfest in Augsburg zog es schon den jungen Bertold Brecht. Er dichtete auch ein „Plärrer-Lied", aus dem die folgende Strophe stammt: „Und in den Sternen drehen Die Karusselle dort – Und wenn sie stille stehen Dann dreht mein Kopf sich fort."

Unten:
In der ehemaligen Kälberhalle des alten Augsburger Schlachthofs bietet heute das Hasen-Bräuhaus-Restaurant seine Spezialitäten an. Regionale Gerichte und frisch gebraute Biere gehören zu den Publikumslieblingen des Traditionslokals.

Oben:
Im Augsburger Stadtteil Göggingen wurde in den Jahren von 1885 bis 1887 das Kurhaus-Theater nach Plänen des Architekten Jean Keller erbaut. 1972 brannte es vollständig aus, wurde als Parktheater im Kurhaus aber in seinem ursprünglichen Zustand wiederhergestellt.

Links:
Die Augsburger Freilichtbühne besitzt mit dem Roten Tor, den alten Wallanlagen und dem Heilig-Geist-Spital eine beeindruckende mittelalterliche Kulisse. Erbaut wurde die Bühne 1929.

Unten:
Die Tradition der Augsburger Kahnfahrt reicht bis ins 19. Jahrhundert zurück. Schon damals unternahm man idyllische Kahnpartien auf dem Stadtgraben beim Oblatterwall in der Jakobervorstadt.

Rechts oben:
Japan-Flair im Botanischen Garten Augsburg – es gibt aber unter anderem auch einen Stein-, einen Rosen- oder einen Apothekergarten in der 1936 gegründeten Anlage am Augsburger Stadtwald.

Rechts Mitte:
Zu Besuch bei den Fischottern im Augsburger Zoo, der unmittelbar neben dem Botanischen Garten liegt. Eröffnet wurde er 1937 als „Park der deutschen Tierwelt".

Rechts unten:
Der Augsburger Eiskanal, die „Mutter aller künstlichen Kanuslalomstrecken", ist eine Wildwasseranlage im Stadtteil Spickel. 1972 wurde hier bei den Olympischen Spielen erstmals der Kanuslalom ausgetragen.

Von Kaufleuten, Schriftstellern und Marionetten – schwäbische Köpfe

Die Fugger stammen aus einer Weberfamilie, die in Graben südlich von Augsburg lebte. Hans Fugger zog es 1367 als Vertreter seiner Zunft in die Freie Reichsstadt am Lech, wo er durch seine erfolgreichen Handelsgeschäfte zu Ansehen und Reichtum gelangte. Im östlichen Schwaben erwarben die Fugger dann im 16. und 17. Jahrhundert weitreichenden Grundbesitz und konnten nach der Erhebung in den Grafenstand auch entsprechende Grund- und Herrschaftsrechte ausüben. Jakob Fugger der Reiche (1459–1525) pflegte enge Beziehungen zum habsburgischen Hof, was ihm für seine umfangreichen Edelmetall-, Waren- und Finanzierungsgeschäfte äußerst dienlich war. Er galt bereits zu Lebzeiten als bedeutendster Bankier Europas. Dass „Geld die Welt regiert" haben die Fugger unter Beweis gestellt. Zahlreiche weltliche und geistliche Herrscherhäuser standen bei den reichen Augsburgern „in der Kreide", darunter Kaiser Maximilian I., der seine politische Karriere „dem Geldkönig Fugger" zu verdanken hatte. Noch heute sind in Schwaben drei fürstliche Fugger-Familien ansässig: auf Schloss Kirchheim die Fugger von Glött und auf den Schlössern Babenhausen und Wellenburg die Fugger-Babenhausen.

Bedeutendster europäischer Dramatiker

Der 1898 in Augsburg geborene Bertolt Brecht gilt heute als bedeutendster europäischer Dramatiker, war aber Zeit seines Lebens niemals der geliebte oder verehrte „Sohn seiner Vaterstadt", in der er seine Kindheit und Jugend verbrachte. Erst 100 Jahre nach seinem Tod konnte man sich in Augsburg dazu aufraffen, dem Erschaffer so großer Theaterwerke wie „Baal" (1918), „Dreigroschenoper" (1928), „Die heilige Johanna der Schlachthöfe" (1929), „Mutter Courage und ihre Kinder" (1939), „Der gute Mensch von Sezuan" (1939), „Herr Puntila und Knecht Matti" (1940), „Der aufhaltsame Aufstieg des Arturo Ui" (1941) oder „Der kaukasische Kreidekreis" (1944) ein Denkmal zu setzen. Mit dem Bert-Brecht-Haus (Geburtshaus in Augsburg, Auf dem Rain 7) ist dies posthum gelungen. Auch der „Brecht-Shop" am Obstmarkt 11 hält das Erbe Bert Brechts in Augsburg hoch. Anfang der 1920er-Jahre hatte Brecht in München seine erste Schaffenszeit und lebte dann bis 1933 in Berlin, bevor er zunächst nach Skandinavien und später dann in die USA auswanderte. 1948 kehrte er auf deutschen Boden zurück und lebte und wirkte fortan in Ost-Berlin, wo er auch 1956 verstarb. Mit Augsburg verbindet Brecht vor allem das Elternhaus. Der Vater war Direktor in den Haindl'schen Papierfabriken in der Bleichstraße 2, heute Bert-Brecht-Straße.

Augsburger Puppenkiste

Am 26. Februar des Jahres 1948 eröffnete die „Augschburger Puppakischt" ihre Pforten. Das berühmteste deutsche Marionettentheater im Heilig-Geist-Spital wurde mit seinen Märchen und Schauspielen bereits in den 1950er-Jahren über die schwäbischen Landesgrenzen hinaus bekannt. Dazu haben natürlich die Fernsehproduktionen zu solch bekannten Stücken wie „Urmel aus dem Eis", „Räuber Hotzenplotz", „Kleiner König Kalle Wirsch" oder „Jim Knopf und Lukas der Lokomotivführer" entscheidend beigetragen. Weit über eintausend Fernsehsendungen mit den insgesamt 6000 Marionetten im Fundus des Theaters haben die „schwäbischen Köpfe" aus Holz im deutschsprachigen Raum berühmt gemacht.

Vermutlich im Jahre 1193 wurde Albertus Magnus, mit bürgerlichem Namen Albert von Bollstädt, der große Philosoph und Theologe in Lauingen geboren. Er wurde 87 Jahre alt und starb in Köln. Hinter ihm lag ein bewegtes Leben, das ihn während seiner Studienzeit nach Padua führte. Danach trat er in den Dominikanerorden ein und reiste als geistiger Lehrer durch die Lande: nach Hildesheim, Freiburg, Regensburg, Straßburg und Köln sowie nach Paris. 1248 kam er wieder nach Köln, wo er zu den Begründern des „studium generale" gehörte. Hier zählte Thomas von Aquin zu seinen Schülern. Er gehört zu den größten Denkern der deutschen Hochscholastik. Seine Kenntnisse auf den Gebieten der Botanik, Zoologie, Mineralogie und Geografie boten ihm den wissenschaftlichen Hintergrund für seine „Ausflüge" in die mystischen Gefilde der Naturphilosophie.

Kaufbeuren darf den bayerischen Heimatdichter Ludwig Ganghofer (1855 Kaufbeuren – 1920 Tegernsee) zu seinen berühmtesten Söhnen zählen. Im Stadtmuseum hat man ihm mit einer eigenen Abteilung ein literaturgeschichtliches Andenken bewahrt. Martin Walser aus Wasserburg am Bodensee hat seiner Heimatregion und Jugendzeit mit dem Roman „Ein springender Brunnen" ein Denkmal gesetzt.

Oben: *Es versteht sich von selbst, dass dieses Denkmal für Sebastian Kneipp in Bad Wörishofen so „nah am Wasser gebaut" wurde. Zeit seines Lebens hatte sich der Pfarrer den heilenden Kräften des Wassers gewidmet.*

Rechts oben:
Denkmal für Johann (Hans) Jakob Fugger (1516–1576) in Augsburg. Der Neffe von Jakob dem Reichen galt als Förderer von Wissenschaft und Kunst.

Rechts Mitte:
Vor dem Rathaus in Augsburg erinnern auf dem Augustus-Brunnen die Figuren der vier Flüsse Lech, Wertach, Singold und Brunnenbach an den Wasserreichtum der Region, den bereits die Römer, später das Handwerk und die Industrie zu nutzen wussten.

Rechts:
Bertold Brechts „Augsburger Alter Ego" lädt in sein Geburtshaus ein (Auf dem Rain 7). Das „Brechthaus" ist eine späte Würdigung seiner Vaterstadt an den lange geschmähten Sohn.

Linke Seite:
Die Wallfahrtskirche Maria Birnbaum in Sielenbach geht auf ein geschnitztes Vesperbild zurück, das 1632 in einen hohlen Birnbaum eingesetzt wurde. Konstantin Bader erhielt vermutlich von Deutschordenskomtur Philipp Jakob von Kaltenthal den Auftrag zum Bau der Kirche, die 1668 geweiht wurde.

Das Friedberger Rathaus verkörpert den ganzen Stolz der altbayerischen Stadt auf ihre weißblaue Vergangenheit. Die wittelsbachische Gründungsstadt hat ihren planmäßig angelegten rechteckigen Grundriss bis heute beibehalten. Auf dem Marienplatz steht auf der hohen Säule des Marienbrunnens eine Steinfigur der Maria Immaculata.

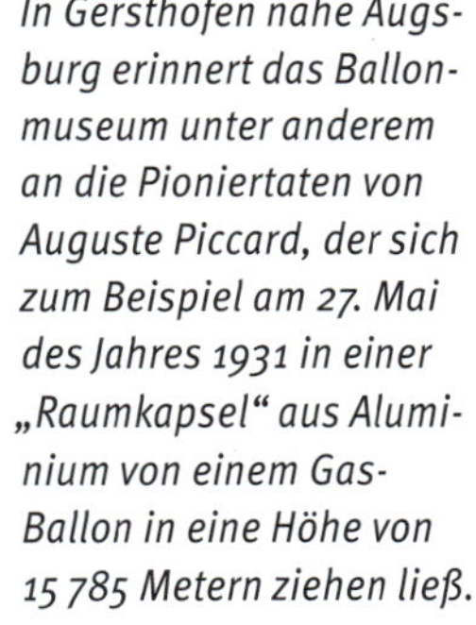
In Gersthofen nahe Augsburg erinnert das Ballonmuseum unter anderem an die Pioniertaten von Auguste Piccard, der sich zum Beispiel am 27. Mai des Jahres 1931 in einer „Raumkapsel“ aus Aluminium von einem Gas-Ballon in eine Höhe von 15 785 Metern ziehen ließ.

Oben:
In der Lindauer Straße von Bobingen stand einst eine kleine Kapelle (1471 erwähnt), der 1751 die katholische Wallfahrtskirche zu Unserer Lieben Frau folgte. Der Bau steht in der Tradition des großen Allgäuer Kirchenbaumeisters Johann Georg Fischer.

Rechts:
Im Zentrum des Aichacher Stadtplatzes gibt sich das Rathaus recht bescheiden. Es entstand an der Stelle des 1704 zerstörten gotischen Vorgängerbaus. Einzige Schmuckelemente des langgestreckten zweigeschossigen Satteldachbaus sind die zierlichen Volutengiebel und die Freitreppe an der Südseite.

Oben:
Im Innern der Klosterlechfelder Pfarr- und Wallfahrtskirche Maria Hilf besticht das Arrangement der drei Altäre: Der Hochaltar stammt von Dominikus Bergmüller und die beiden hohen Seitenaltäre von Johann Einsle.

Links:
Der Überlieferung nach soll der bayerische Herzog Tassilo III. in der Zeit zwischen 750 und 770 ein Benediktinerkloster in Thierhaupten gegründet haben, das in den Folgejahrhunderten mehrfach zerstört und immer wieder aufgebaut und erweitert wurde. Erst durch die Säkularisation kam das Klosterleben zum Erliegen (heute Klostergasthof und Veranstaltungsort).

Oben:
Der künstlich aufgestaute Rothsee bei Zusmarshausen bietet heute Bade- und Wassersportfreunden eine Rundumversorgung einschließlich einer Wasserwachtstation.

Rechts:
Hier kehren Radler gerne ein: im Biergarten der Klostergaststätte in Oberschönenfeld in der Gemeinde Gessertshausen. Das Zisterzienserinnen-Kloster wurde 1211 gegründet und beherbergt heute in Nebengebäuden das Schwäbische Volkskundemuseum.

Links:
Entschleunigung pur in der Königsbrunner Heide südlich von Augsburg. Die Schotterheide ist bekannt für die Blüte der Sumpf-Siegwurz im Juli.

Unten:
Am Mandichosee bei Merching, benannt nach einem bayerischen Herzog namens Mandicho, kommen auch unruhige Geister wieder zur inneren Ausgeglichenheit. Der Lechstausee gehört zu einem Netz von Naherholungseinrichtungen rund um Augsburg.

Memmingen, Mindelheim und Unterallgäu

Sonnenaufgang im Mai: Wiesenlandschaft bei Eppishausen im Unterallgäu. Der Ort gilt als geografischer Mittelpunkt Bayerisch Schwabens, woran sogar ein Gedenkstein erinnert.

Zur Region Unterallgäu gehören heute der Landkreis Unterallgäu mit der Kreisstadt Mindelheim und die kreisfreie Stadt Memmingen, einst Freie Reichsstadt und heute Wirtschafts- und Kulturzentrum. Das Unterallgäu wird durch die Schotterebene zwischen Iller und Lech geprägt, die im Süden an die eiszeitlichen Endmoränenhügel grenzt. Zahlreiche von Süd nach Nord verlaufende Täler, in denen sich die Schmelzwasserströme während der letzten Eiszeit in Richtung Donau „voranarbeiteten", wechseln sich mit den dazwischenliegenden waldreichen Höhenzügen, den sogenannten Riedeln, ab und tragen so zur landschaftlichen Vielfalt bei.

Zu den historischen Keimzellen zählt das im 8. Jahrhundert gegründete barocke Kloster Ottobeuren im Tal der Westlichen Günz, berühmt wurde Bad Wörishofen, das seine Bedeutung als mondäner Kur- und Badeort dem hier wirkenden Pfarrer Sebastian Kneipp verdankt. Schloss, Pfarrkirche, Pavillon, Zehentstadel, Brauerei und Friedhofskirche bilden in Babenhausen ein sehenswertes Ensemble. Im Westflügel des Schlosses erinnert das Fuggermuseum heute an die erfolgreiche Kaufmannsfamilie, die 1538 in den Besitz des Schlosses gelangte.

Memmingen präsentiert sich selbst gerne als „Tor zum Allgäu". Im historischen Ensemble von Steuerhaus, Rathaus und Großzunft ist noch heute der Ruhm der ehemals Freien Reichsstadt Memmingen sichtbar, die im 15. Jahrhundert ihre Blütezeit erlebte.

Im Jahre 1370 hatte der staufische Herzog Friedrich von Teck die seinerzeit bestehende Burganlage über dem Mindeltal zu seinem Herrschaftssitz ausbauen lassen. Ihm folgten die Herren von Rechenberg und danach die Herren von Frundsberg. Deren Spross Georg I., der 1473 auf der Mindelburg geboren wurde, setzte die Stadt Mindelheim im Jahre 1903 ein beeindruckendes Denkmal an der Ecke des Rathauses. Georg von Frundsberg gilt als „Vater der Landsknechte".

Links:
Im Jahre 1676 sollen nahe Pfaffenhausen Hostien verbrannt worden sein, die zuvor in Holzgünz geraubt worden waren. Um diesen Frevel zu sühnen, ließ der Bauer Georg Salger im Jahre 1685 an dieser Stelle in Schöneberg (Ortsteil von Pfaffenhausen) die Kapelle St. Wendelin erbauen.

Unten:
Eines von zahlreichen Fuggerschlössern in Bayerisch Schwaben: Anton Fugger, einer der Neffen von Jakob Fugger dem Reichen, erwarb 1551 die ehemalige Burganlage der Herren von Kirchheim, die dann in der Folgezeit zum Stammsitz der Linie Fugger-Kirchheim ausgebaut wurde. Seit 1886 ist das Schloss in Kirchheim im Besitz der Familie Fugger-Glött.

Ganz unten:
Das Fuggerschloss mit seinen Nebengebäuden und die Pfarrkirche St. Andreas bilden in Babenhausen ein sehenswertes Ensemble, das noch vollständig von einer Mauer umgeben ist. Heute erinnert hier das Fuggermuseum an die erfolgreiche Kaufmannsfamilie, die 1538 in den Besitz des Schlosses gelangte.

Oben:
Das sehenswerte Ensemble von Steuerhaus (links), Rathaus (Mitte) und Großzunft (rechts) verkörpert noch heute den Ruhm und Wohlstand der ehemals Freien Reichsstadt Memmingen. In den langen Sommernächten genießen Einheimische und Besucher das südländisch anmutende Piazza-Ambiente im Café des Steuerhauses.

Rechts:
Am Weinmarkt und in der Unteren Bachgasse von Memmingen gruppieren sich gastronomische Betriebe mit Speisenangeboten aus aller Herren Länder.

Links:
Aus der Luft lässt sich der innere Kern der Stadt Memmingen im Unterallgäu gut erkennen. Die Stadt, deren Geschichte bis in die Römerzeit zurückreicht, zählt heute über 43 000 Einwohner.

Nicht nur Käse – Schlemmerland Bayerisch Schwaben

Als das Gebiet des heutigen Schwaben im Jahre 1805 zu Bayern kam, bemerkte ein für die „Einverleibung" des neuen Terrains zuständiger königlich-bayerischer Beamter in seiner etwas hochnäsigen Art: „Die Allgäuer ernähren sich von nichts anderem als von Käse und Nudeln". Es trifft sicher zu, dass die Allgäuer Küche von ihren Anfängen an als eine Küche für schwer arbeitende Menschen gedacht war – für Bauern, Kuhhirten und Senner – und deshalb nahrhaft sein und sich nach dem richten musste, was vor Ort gegeben war. Und das waren in der Regel Getreide, Fleisch, Milch und Käse.

Um die Käseherstellung in großem Umfang zu ermöglichen, was für die vom Niedergang gezeichnete Landwirtschaft mit ihren Flachs-Monokulturen die Grundvoraussetzung für einen Neuanfang war, holte man sich unbürokratische Unterstützung aus der angrenzenden Schweiz, wo man in Emmental bereits seit Jahrzehnten eine erfolgreiche Käseproduktion betrieben hatte. Das revolutionierend Neue bestand darin, dass man von den Eidgenossen neue Kenntnisse in der Haltbarmachung von Kuhmilchkäse erwerben konnte, die eine Produktion für den Verkauf und Export von Käseprodukten erst möglich machte. Mehrere Milchbauern eines Dorfes ließen ihre Kühe den Sommer lang auf die Bergwiesen einer Alp treiben, wo die Tiere nur beste Kräuter und Gräser zum Fressen bekamen. So entstanden auf solchen Senn-Alpen kleine Betriebe zur manuellen Herstellung von „Allgäuer Bergkäse", wo bis dahin von den Bergbauern nur für den Eigengebrauch bestimmter Frischkäse produziert wurde. In den Bergtälern wurde die Käseherstellung in den Sennereien maschinell, gewissermaßen semi-industriell betrieben. 1824 bewarb man erstmals öffentlich den „Allgäuer Emmentaler" für seinen milden, nussigen Geschmack. Nur wenige Jahre später war die Umstellung weitflächig vollzogen. Heute beliefert das Allgäu die deutschen Küchen mit bis zu 25 Prozent des bundesweiten Käseaufkommens.

Spätzle und Suppen

Die Spätzle, auch Spatzen genannt, waren von jeher eine „Leib- und Magenspeise" der Schwaben beiderseits der Iller, das heißt sowohl im württembergischen als auch im bayerischen Teil Schwabens. Die Verbindung mit ihrem Käse zu „Käs-Spatzen" hat die Allgäuer Küche sicher über Schwaben hinaus bekannt gemacht. Dafür werden knopfförmige Spätzle mit geriebenem Emmentaler vermengt und mit braungerösteten Zwiebeln garniert, ein nicht nur sättigendes, sondern auch äußerst schmackhaftes Gericht, zu dem sich ein frischer Salat der Saison empfiehlt.

„Was man in die Suppe hineingibt, spart man am Braten", so eine schwäbische Bauernweisheit. Auch für ihre Suppengerichte sind die Schwaben und Allgäuer bekannt geworden. So gehört zu ihrem Suppen-Portfolio eine herzhafte „Allgäuer Käsesuppe", die aus der Mischung von Fleischbrühe, Milch, Sahne und geriebenem Emmentaler zubereitet wird. Ferner die Leberspätzle-Suppe, die Milzschnitten-Suppe und die Riebele-Suppe, die mit kleinen Eierteignudeln, die man in eine Brühe schabt, hergestellt wird. Die Krönung ist die sogenannte Festtags-Suppe, auch als Hochzeits-Suppe bekannt, als deren Zutaten Leberknödel, Brätknödel, Markklößchen und in heißem Fett goldgelb herausgebratene Spätzle Verwendung finden.

Katzengeschrei und Nonnenfürzle

Bei den Fleischgerichten hat sich als Spezialität der „Saubuckel" bewährt, ein mit Allgäuer Käse überbackener Schweinerücken, der für den Verzehr an Sonn- und Feiertagen bestimmt war. Für werktags musste der Hackbraten herhalten, oder das „Katzengeschrei" aus Suppenfleisch und Ei. Wie in vielen Alpenregionen galten auch in Schwaben die Innereien als Delikatesse. Ob als Kaldaunen, das sind saure Kutteln, oder als saure Nierle. Geliebäugelt wurde auch mit einfach hergestellten Teigwaren zum Nachtisch: „Versoffene Jungfern" – ausgebackene Teigstückchen mit Most übergossen, „Nackede Mariele" aus Kartoffelteig oder „Nonnenfürzle" – in heißem Fett ausgebratene Brandteigkrapfen. Eine Besonderheit stellt der „Augsburger Datschi" dar, ein dick mit saftigen Zwetschgen belegter Blechkuchen aus Hefeteig, der auch „a bissele pappig" sein darf, und für den die Augsburger alles andere stehen lassen, so dass sie schon mal als „Datschi-Burger" bezeichnet werden – was sie auch anstandslos über sich ergehen lassen.

Links: Das gehört zu einer zünftigen schwäbischen „Veschper": ein Leberkäs mit Röstzwiebeln, Kartoffelsalat und eine Laugenbrezel.

Oben: In der Bergbauern-Sennerei Hüttenberg in Ofterschwang wird die Herstellung von Allgäuer Käse Schritt für Schritt präsentiert. Nach dem „Dicklegen" (Gerinnung) der Milch wird das „Dickete" von der Molke abgeschöpft und daraus der „Käsebruch" hergestellt.

Rechts oben:
Bei einer Allgäuer Käseplatte dürfen der „Allgäuer Bergkäse" und der „Allgäuer Emmentaler" nicht fehlen. Beides sind ursprungsgeschützte Marken, die in der Regel nur im Oberallgäu und im Ostallgäu hergestellt werden dürfen.

Rechts Mitte:
Das „Leib- und Magengericht" der Allgäuer: Kässpatzen mit gerösteten Zwiebeln. Sie werden aus knopfförmigen Spätzle und grob geriebenem Emmentaler frisch zubereitet und kommen direkt vom Ofen auf den Tisch.

Rechts:
Die fertigen Käselaibe werden noch aufwendig behandelt, bevor sie auf den Ladentisch kommen. Der Reifungsprozess dauert Monate. Wöchentlich werden sie gepflegt, geschmiert und gedreht, bis der Senner entscheidet: „Jetzt passt er, der Käs."

Über Kronburg thront die ehemalige staufische Festung aus dem 12. Jahrhundert. Nach mehrmaligem Besitzerwechsel befindet sich das Renaissanceschloss heute im Eigentum der Familie von Vequel-Westernach, die es für besondere Anlässe für die Öffentlichkeit zugänglich macht.

Das Schwäbische Bauernhofmuseum in Illerbeuren lässt landwirtschaftliche Traditionen wieder aufleben. Im Bild der Grieshof und der Gromerhof-Stadel. Neben zahlreichen historischen Wohn- und Nutzbauten des 16. bis 19. Jahrhunderts wurde im Haus Nr. 14 das Schwäbische Schützenmuseum eingerichtet.

Rechte Seite:
Bad Grönenbach wartet mit einigen architektonischen Schönheiten auf. Dazu gehören das Rathaus (Bildmitte) mit seinem dekorativen Fassadenschmuck und die Stiftskirche St. Philipp und St. Jakob aus dem 15. Jahrhundert.

Oben:
Die Pfarr- und Wallfahrtskirche Maria Steinbach im Unterallgäu (Markt Legau) hat eine bewegte Vergangenheit. Im 18. Jahrhundert entwickelte sie sich zu einem der bedeutendsten Wallfahrtsorte in Süddeutschland.

Rechts:
Die Schauseite der Basilika in Ottobeuren (1756 geweiht) demonstriert eindrucksvoll die Faszination barocker Sakralbaukunst in Süddeutschland. Machtvoll schwingt die elegant wirkende Fassade nach vorne und in die Höhe.

Oben:
Der turmlose Bau der ehemaligen Augustiner-, dann Jesuitenkirche Mariä Verkündigung in Mindelheim aus dem Jahre 1722 „lehnt" sich an das angrenzende Untere Tor aus dem 14. Jahrhundert.

Ganz links:
Das Obere Tor in Mindelheim präsentiert sich in der fünften Jahreszeit mit dem weltweit größten Faschingsnarr, dem 21 Meter hohen „Durahansel". Seit 1909 pflegen die Mindelheimer Narren diesen Brauch.

Links:
Standbild für Georg I. von Frundsberg (1473 auf der Mindelburg geboren) vor dem Mindelheimer Rathaus. Er gilt in der Geschichtsschreibung als „Vater aller Landsknechte".

Links:
Kurkonzert im Kurpavillon von Bad Wörishofen. 1902/03 wurde der Wörishofener Kurpark im englischen Stil neu angelegt. Heute pfundet das Traditionsbad neben der Kneipp-Kur auch mit hochkarätigen Angeboten im Bereich Wohlfühlurlaub.

Oben:
Im Bad Wörishofener Ortsteil Untergammenried wartet die Wallfahrtskirche St. Rasso mit einem Prachtaltar aus der Zeit des Barock auf. Den in der Art eines „theatrum sacrum“ inszenierten Altaraufbau zieren unter geschwungenen Arkaden kunstvoll gefertigte Holzfiguren der Kirchenväter Gregor der Große, Hieronymus, Augustinus von Hippo und Ambrosius von Mailand.

Königsschlösser und brauende Mönche – Ostallgäu

Vom Auerberg (auch Schwäbische Rigi genannt) mit seinen 1055 Metern schweift der Blick über Bernbeuren im Ostallgäu zu den Ammergauer Alpen.

Auch wenn das Ostallgäu in seinem Süden gerade einmal zwei Zweitausender-Berggipfel aufzubieten hat (Säuling 2047 Meter, Hochplatte 2082 Meter), bilden die Ammergauer Alpen den idealen Panoramahintergrund für die wohl romantischste Inszenierung der Republik: für die über dem Alpsee thronenden Schlösser Hohenschwangau und Neuschwanstein. Doch die Region auf diese zwei Hauptattraktionen zu reduzieren, wäre fehl am Platze. Hat doch allein die Stadt Füssen mit ihrem eigenen Hohen Schloss, mit dem ehemaligen Benediktinerkloster St. Mang und dem Franziskanerkloster drei schwergewichtige Kulturgüter im Angebot.

Kaufbeuren, die größte Stadt im Ostallgäu, trägt seine Bedeutung im Namen. 1191 war „Beuren" noch eine Ansammlung von „kleinen Häusern" (bur = kleines Haus), bevor es in den Besitz der Staufer gelangte und nach deren Herrschaftsende 1268 reichsstädtisch wurde. Die städtische Kaufmannschaft betrieb nun erfolgreiche Geschäfte mit dem Tuchhandel an der Handelsstraße von Augsburg über Füssen nach Italien und bewirkte 1301 die Umbenennung der Stadt zu „Kaufbeuren". Bayerns ältestes Kinderfest, das Kaufbeurer „Tänzelfest", erinnert noch heute an den spätmittelalterlichen Glanz der Bürgerstadt.

Nur unweit nordwestlich von Kaufbeuren erheben sich die beiden Türme der ehemaligen Klosterkirche von Irsee über eine weithin monumental wirkende Rokoko-Fassade. Marktoberdorf, die „Hauptstadt des Ostallgäus", befand sich seit dem ausgehenden 13. Jahrhundert im Besitz des Hochstifts Augsburg, das seinen Macht- und Besitzanspruch in einem Schlossbau im Stile des Spätbarocks manifestierte. In Nesselwang waren die brauenden Mönche zuhause. Ganz nach dem Motto „Liquida non frangunt ieunum" (was flüssig ist, bricht kein Fasten) gönnten sie sich in der Fastenzeit Gerstensaft. Ihre Brautradition lebt heute in dem Label „Brau Manufactur Allgaeu" fort, worunter die Post-Brauerei in Nesselwang mit Bierseminaren und Brauereiwanderweg um neue Bierfreunde wirbt.

Oben:
Das Kloster Irsee ist ein ehemaliges Benediktinerkloster (1182 gegründet) und bietet heute jeden erdenklichen Tagungskomfort. Zudem verwöhnt es seine Gäste mit kulinarischen Köstlichkeiten aus der Küche und der hauseigenen Brauerei.

Rechts:
Freistehend kommt das historische Rathaus (1570 erbaut) von Obergünzburg auch heute noch bestens zur Geltung. Früher saßen hier die Pfleger des Stiftes Kempten, bevor der Bau zum Land- und Amtsgericht und schließlich zum Verwaltungshaus der Gemeinde umgenutzt wurde.

Oben:
Den Abschluss der prachtvollen Kaiser-Max-Straße bildet das Kaufbeurer Rathaus, das noch nicht so alt ist. 1879 bis 1881 dauerte der Neubau im Stil der Neorenaissance anstelle des gotischen Vorgängerbaus.

Links:
Die Stöttwanger Pfarrkirche St. Gordian und St. Epimachus stammt aus der Mitte des 18. Jahrhunderts und wurde im Stil des Rokoko ausgestattet. Das Äußere ist mit gemalten Pilastern und einer Sonnenuhr geschmückt.

Oben:
Zu Füßen der Ammergauer Alpen erstreckt sich der künstlich aufgestaute Forggensee. Im Westen endet die Bergkette mit dem Säuling (2047 Meter), dem Hausberg der Füssener.

Rechts:
Nahe des Ostufers vom Forggensee erhebt sich über dem Hegratsrieder See die achteckige „Kapelle am See“.

Links:
Über den Illasbergsee, einem Ausläufer des Forggensees, nahe Halblech genießt man diesen freien winterlichen Blick zum Säuling.

Linke Seite:
Winteransicht von Füssen: ganz oben das Hohe Schloss als Repräsentant der weltlichen Macht, darunter Kloster St. Mang, das geistig-kulturelle Zentrum, und am Lechufer die Bürgerhäuser.

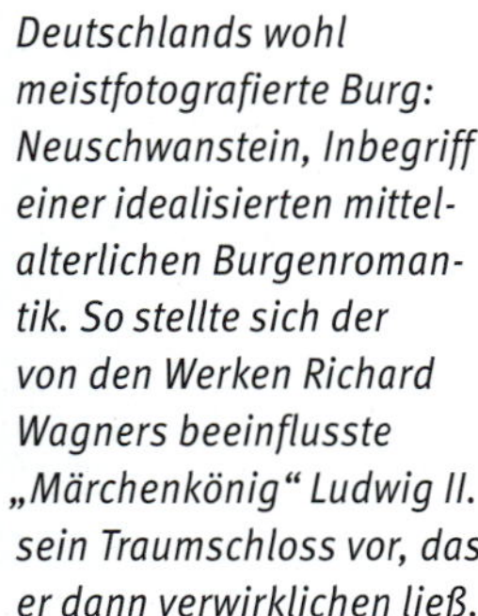

Deutschlands wohl meistfotografierte Burg: Neuschwanstein, Inbegriff einer idealisierten mittelalterlichen Burgenromantik. So stellte sich der von den Werken Richard Wagners beeinflusste „Märchenkönig" Ludwig II. sein Traumschloss vor, das er dann verwirklichen ließ.

Mit Schloss Hohenschwangau, wo Ludwig II. seine Kindheit verbrachte, hatte sich sein Vater, König Maximilian II. Joseph von Bayern, bereits seinen Traum verwirklicht und die Ruine Hohenschwangau von Domenico Quaglio als Sommerresidenz umbauen lassen. Über dem Alpsee erheben sich die Tannheimer Berge (Österreich).

Links:
Was ist beeindruckender: St. Coloman bei Schwangau, die katholische Wallfahrtskirche aus dem 17. Jahrhundert, oder die 2163 Meter hohe Gehrenspitze der Tannheimer Berge dahinter?

Unten:
Zu jeder Jahreszeit lohnt ein Ausflug zum Tegelberghaus, und wenn es mit der Tegelbergbahn ist. Der Blick auf das Lechtal mit Füssen und dem Forggensee ist jede Mühe wert!

Ganz unten:
In der Gemeinde Eisenberg gibt es auf jeder Bergkuppe eine Burg – heute leider nur noch Ruinen: Hohenfreyberg aus dem 15. Jahrhundert (links) und Eisenberg aus dem 12. Jahrhundert (rechts).

Oben:
Seeg liegt am Seeger See zwischen Nesselwang und Roßhaupten. Vom Norden her erblickt man die Ammergauer Alpen, und rechterhand erhebt sich unübersehbar der Säuling.

Rechts:
Herbstfarben in Hopfen am Hopfensee. Hier findet man alles für Freizeit und Erholung. Entlang der Uferpromenade, auch „Allgäuer Riviera“ genannt, reihen sich Spazierwege, Spielplätze, Cafés und Restaurants. Im Hintergrund: Burg Eisenberg.

Seite 100/101:
Pfronten mit dem Aggenstein (Tirol, 1987 Meter) im Hintergrund. Der Ort ist eine „13-Dörfer-Gemeinde“ und besteht aus den Ortsteilen Berg, Dorf, Halden, Heitlern, Kappel, Kreuzegg, Meilingen, Ösch, Rehbichel, Ried, Röfleuten, Steinach und Weißbach.

Links:
Abgeschieden liegt der Alatsee bei Füssen, nur unweit entfernt von der deutsch-österreichischen Grenze und dem daran anschließenden Vilstal. Zahlreiche Sagen ranken sich um diese zwölf Hektar große Wasserfläche.

Unten:
Dieses spektakuläre „Felsentor“ ragt in den Weißensee nahe Füssen. Am Westufer bieten sich ideale Möglichkeiten zum Baden oder Bootfahren. Im Osten macht sich die Füssener Achen auf ihren Weg zum Forggensee.

Unten:
Nahe Nesselwang schmiegt sich der Attlesee in eine sanfthügelige Landschaft. Wie ein Wächter baut sich der Säuling (2047 Meter) am Westrand der Ammergauer Alpen auf.

Ganz unten:
Milchbauern im Allgäu lassen ihre Kühe den Sommer über auf die Bergwiesen einer Alp weiden, wo die Tiere von einem Senn betreut werden und vor Ort kleine Betriebe zur manuellen Herstellung von „Allgäuer Käse“ entstanden. Bei der „Viehscheid“, wie hier bei Pfronten, wird nach dem Abtrieb das Vieh wieder auf die Bauernhöfe verteilt.

Rechts:
Weithin ertönen im Tal die Glocken, wenn zum Gottesdienst in der Pfarrkirche St. Andreas in Nesselwang geläutet wird. Der Ort breitet sich zu Füßen seines Hausbergs, dem Alpspitz (1575 Meter) aus und ist bei Fremden als Erholungsort äußerst beliebt.

Herzstück des Regierungsbezirks – Oberallgäu

Vom Zeigersattel am Nebelhorn blickt man hinunter zum Seealpsee (1700 Meter). Beworben wird diese Aussichtsstation auch als „400-Gipfel-Blick". Mit 42 Metern ist der See der tiefste Bergsee der Allgäuer Alpen.

Mit Fug und Recht lässt sich sagen, dass das Oberallgäu nicht nur das „Herzstück" des bayerischen Regierungsbezirks Schwaben, sondern auch die zentrale Region des Allgäus ist. Hier vereinen sich grandiose, hochalpine Landschaften mit bedeutenden „Markern" der Besiedlungsgeschichte. Mit Kempten treffen wir hier auf eine der ältesten Städte Deutschlands. Der griechische Geograf Strabon (ca. 63 v. Chr. bis 23 n. Chr.) sorgte mit seiner antiken Nachricht über diese keltische Ortsgründung an der Iller für die erste schriftliche Erwähnung einer Stadt in Deutschland. Heute ist sie nach Augsburg die zweitgrößte Stadt des bayerischen Regierungsbezirks Schwaben.

Der beliebte Erholungsort Oberstdorf, Deutschlands südlichste Gemeinde, gilt als eines der ersten Zentren des deutschen Fremdenverkehrs. Die ersten Urlaubsgäste trafen hier in den 80er-Jahren des 19. Jahrhunderts ein (1885 übernachteten bereits 2353 Kurgäste in Oberstdorf). Mit der Eisenbahnverbindung nach Sonthofen (1888) wurden die Weichen für den späteren ‚Massentourismus' gestellt. Es folgten die Nebelhornbahn (1930) und in jüngerer Zeit die Söllereck- und Fellhornbahn. Heute ist das Ortszentrum für den Autoverkehr gesperrt, und Oberstdorf zeigt sich von seiner charmantesten Seite!

Immenstadt und Sonthofen ergänzen das illustre Städtequartett im Oberallgäu mit attraktiven Freizeitangeboten. Mit dem „Alpsee Skytrail" (Kletterparadies für die ganze Familie), der „Alpsee-Bergwelt" (ganzjährige Rodelbahn, Bergspiel-Abenteuer und Hochseilgarten) und dem „Allgäuer Bergbauernmuseum" (Ein Museum für alle zum Mitmachen, Anfassen und Entschleunigen) bietet Immenstadt Urlaub für alle Sinne, während Sonthofen mit dem „Freizeitland", der „Freizeitanlage Altstädten", dem „Biberhof" und der Eissporthalle nicht hintenansteht.

Links:
Den heutigen Rathausplatz in Kempten beherrschte im 14. Jahrhundert noch ein Kornspeicher, der kurz darauf als Rathaus genutzt, dann aber im Jahre 1474 durch einen Neubau ersetzt wurde. Sein heutiges Aussehen erhielt das Rathaus um 1875, als man es im Stil der Neorenaissance umgestaltete.

Unten:
Das Zumsteinhaus in Kempten (im Bild links) wird zum neuen Kempten-Museum umgebaut. Im Hintergrund die Basilika St. Lorenz, die als erster bedeutender Kirchenbau nach dem Dreißigjährigen Krieg gilt.

Oben:
150 Jahre lang (circa 30 bis 180 n. Chr.) war die römische Stadtsiedlung „Cambodunum“ die Hauptstadt der römischen Provinz Raetien, bevor sie von „Augusta Vindelicum“ (Augsburg) abgelöst wurde. Im Archäologischen Park der Stadt Kempten sind die römischen Thermen zu besichtigen.

Oben:
Bei Kalden nahe Altusried hat die Iller einen bis zu 60 Meter hohen Felsenriegel durchbrochen und einen wildromantischen Flussabschnitt geschaffen. Diese Kraft konnte sie nur nach der großen Eisschmelze der letzten Kaltzeit vor circa 10 000 Jahren erzeugen.

Rechts:
Erholung pur am Badestrand Petersthal des Rottachsees nahe Oy-Mittelberg. Der Stausee gilt als größter Badesee des Oberallgäus.

Oben:
Ebenfalls bei Oy-Mittelberg: der Grüntensee mit der Ortschaft Faistenoy. Der Luftkurort (950 Meter) hat seinen Ursprung in der Flur „Faiste Au“, was so viel wie „fette Wiesen“ bedeutete. 1308 wird er erstmals urkundlich bezeugt.

Links:
Geratser Wasserfälle bei Rettenberg (Oberallgäu): Solche „Stürze“ bildeten sich am Ende der Eiszeit, als die gewaltigen Schmelzwasserströme mit rasender Geschwindigkeit ins Tal schossen und dabei ein tiefes Flussbett ausfurchten, so dass sich die vom Berg herabfließenden Zuläufe nur noch „in die Tiefe stürzen“ konnten.

Links:
Bootshäuser am Ufer des Großen Alpsees bei Immenstadt, des größten Natursees im Allgäu. Alle Spielarten des Wassersports werden hier geboten. Ein Freizeitsee für die ganze Familie!

Links Mitte:
Fassadenschmuck in Sonthofen über dem Eingangsbereich zum „Haus der Schirme“, einem Museum der besonderen Art! Die Geschichte des Schirm-Handwerks wird hier wieder lebendig.

Links unten:
Um die Mariensäule auf dem Marienplatz in Immenstadt gruppieren sich das Rathaus (links) und das ehemalige Schloss mit dem von Georg von Königsegg-Rothenfels errichteten Ostflügel.

Unten:
Altstädten bei Sonthofen. Die Geschichte der Pfarrkirche St. Peter und Paul reicht zur Mitte des 17. Jahrhunderts zurück und sie birgt in ihrem Inneren einen prunkvollen Altar des Füssener Bildhauers Anton Sturm.

Seite 112/113:
Bad Oberdorf (links) und Bad Hindelang (rechts) vor dem Imberger Horn, das sich über 1654 Meter erhebt. Beide Kurorte liegen im Ostrachtal, einer beliebten Ferienregion am nördlichen Rand der Kalkalpen.

Landschaftsvielfalt zwischen Donau und Alpen

Am Zusammenfluss von Breitach und Trettach nördlich von Oberstdorf macht sich die Iller auf ihren 146 Kilometer langen Weg nach Norden – wie auch die Wertach, die westlich von Füssen entspringt und nach 141 Kilometern bei Augsburg in den Lech mündet. Dieser entspringt am südöstlichen Rand der Allgäuer Alpen in einem der großen Quertäler zwischen den drei Hauptkämmen der Alpen. Seine Gewässer haben sich im Gefolge der letzten Eiszeit beim sogenannten Lechfall einen Durchbruch durch die nördlichen Kalkalpen verschafft. Iller und Lech fließen beide in nördlicher Richtung zur Donau. Dabei sammeln sie die Wässer zahlreicher kleiner Bäche und Nebenflüsschen auf oder werden von weiteren unterirdischen Quellen gespeist. Die Donau wiederum „entsorgt" ihre Wässer ostwärts ins Schwarze Meer.

Bayerisch Schwaben wird im Wesentlichen durch das Wirkungsfeld der beiden Donauzuflüsse Iller und Lech geprägt, nicht nur bezogen auf die räumliche Abgrenzung nach Westen, Norden und Osten, sondern auch im Hinblick auf die Ausgestaltung der Landschaften im Vorland der Bayerischen Alpen. Und auch hier haben die letzten Eiszeiten ein gewichtiges „Wörtchen mitzureden". Sie haben in den verschiedenen Kälteperioden (zuletzt die sogenannte Würm-Kaltzeit, die in etwa von 110 000 bis 10 000 v. Chr. andauerte) die großen Flusstäler mit den Eismassen der Gletscher aufgefüllt, bevor diese zu schmelzen begannen und sich einen Weg zum Abfließen suchten. Dass sie sich dabei teilweise tief in den Talboden der Flüsse hineinarbeiteten und unvorstellbare Mengen an Gesteinsschutt und Geröll mit sich und vor sich herschoben, konnte natürlich nicht ohne sichtbare Spuren bleiben. Manche Sturzbäche gruben sich so schnell und tief in die Täler ein, dass sie dabei schluchtartige Klammen aus dem Bergkörper heraussägten. Die langsamer fließenden Seitenbäche konnten sich zum Teil nur über Kaskaden oder Wasserfälle in den Hauptstrom ergießen. Die wildromantisch anmutenden Klammen und Wasserfälle bereichern heute die touristischen Destinationen der Allgäuer Alpen. So zum Beispiel die Buchenegger Wasserfälle, der große Osterdorfer Wasserfall oder der Gschwendner Wasserfall, beziehungsweise die Breitachklamm bei Tiefenbach, die Eistobelschlucht bei Oberstaufen oder die Starzlachklamm bei Sonthofen.

Wenn die Gletscher im flacher werdenden Alpenvorland ihre Schubkraft eingebüßt hatten, türmten sich die Geröllmassen zu Schuttablagerungen, zu Hügelketten auf (Endmoränen), zu deren Füßen sich nach der Eisschmelze Auffangbecken bildeten. Die dort aufgestauten Wässer versuchten ihrerseits, diese Moränenhügel zu umfließen oder zu durchbrechen. Das gelang den größeren Flüssen wie der Iller oder dem Lech im schwäbischen Voralpenland. Sie bahnten sich danach ihren Weg in breiten Schmelzwasserrinnen durch die mächtigen Schotterbänke bis hinunter zur Donau. Die rechtsseitigen Zuflüsse der Donau hatten am Ende ihres „Höllenrittes" von den Hochalpen bis hierher an Fließgeschwindigkeit eingebüßt und mäandrierten auf ihren letzten Etappen, bevor sie langsam abflossen. Dabei bildeten sich gewaltige Flachmoore nahe den Auwaldregionen der Donau, wie zum Beispiel das „Donauried" bei Dillingen.

Seen und Moore

Andernorts stauten sich im Voralpenland die Schmelzwässer in mehr oder weniger größeren Senken und Mulden zu noch heute bestehenden Binnenseen auf, darunter die Gewässer im Ostallgäu mit dem Alpsee, dem Hopfensee und dem Weißensee bei Füssen oder dem Attlesee und dem Grüntensee bei Nesselwang. Zum Teil verebneten sich die eiszeitlichen Mulden oder verlandeten zu Mooren, wie zum Beispiel das Pfaffenhauser Moos bei Mindelheim, das Schönleitenmoos bei Kempten oder das Hundsmoor bei Westerheim.

Geologische Sonderformation

Nördlich der Donau erheben sich die Ausläufer der Schwäbischen Alb (Ostalb) und der Frankenalb (südliche Frankenalb und Monheimer Alb). Als „Verbindungsglied" macht sich dazwischen der Rieskessel mit seinem kreisrunden Kraterrand breit, eine geologische Sonderformation, die durch den Einschlag eines Meteoriten vor circa 15 Millionen Jahren entstanden ist.

In diesem Szenario sind alle Landschaftstypen vorgezeichnet, die das heutige Bayerisch Schwaben in süd-nördlicher Richtung prägen, von der Bergwelt der Allgäuer und Ammergauer Alpen angefangen über die Moränenlandschaften des Alpenvorlandes und die Iller-Lech-Schotterplatten bis hinunter ins Donautal und darüber hinaus zu den Ausläufern der Jura-Alb.

Links: Wiese in der Königsbrunner Heide südlich von Augsburg. Hier blüht der Sumpf-Siegwurz (Gladiolus palustris).

Oben: Die Tannheimer Berge im Ostallgäu (Brentajoch, Aggenstein und Breitenberg). Im Bildvordergrund der zugefrorene Hopfensee bei Füssen.

Kleine Bilder rechts, von oben nach unten: *Das Staufner Haus liegt am Hochgrat im Osten der Nagelfluhkette, einem Verbund von mehreren Bergketten zwischen Oberstaufen und Balderschwang.*

Das Ries – hier bei Hürnheim – entstand durch den Einschlag eines gewaltigen Meteoriten vor 15 Millionen Jahren. Es gehört zu den besonderen Nachbarlandschaften der Donau zwischen der Schwäbischen und der Fränkischen Alb.

Bei Wolfzahnau mündet der Augsburger Stadtbach in den Lech. Dieser rechte Nebenfluss der Donau entspringt in Vorarlberg und legt bis zu seiner Mündung bei Marxheim 256 Kilometer Flussstrecke zurück.

Donauuferlandschaft bei Lauingen. Mit 2850 Kilometer Länge ist die Donau nach der Wolga Europas zweitgrößter Strom. Hinter ihr rangieren mit gehörigem Abstand der Rhein und die Elbe.

Linke Seite:
In der Breitachklamm bei Oberstdorf lässt sich erahnen, mit welch gewaltsamen Kräften die Schmelzwasserströme der abtauenden Gletscher in der letzten Eiszeit ihren Weg talabwärts bahnten. So ist hier mit circa 2,5 Kilometern Länge und einer Tiefe von 150 Metern die tiefste Schlucht Mitteleuropas entstanden.

Nahe der Höfats bei Oberstdorf bietet der Berggasthof Gerstruben Wanderern in 1145 Metern Höhe eine gemütliche Stube und eine sonnenverwöhnte Terrasse für die Einkehr an. Gerstruben ist ein autofreies Bergbauerndorf und von Oberstdorf zu Fuß bequem in zwei Stunden zu erreichen.

Oberstdorf zu Füßen des Nebelhorns (2224 Meter) und des Schattenbergs (1845 Meter). Dazwischen wurde die Nebelhornbahn eingerichtet, über die man bequem zum Gipfel des Hausbergs der Oberstdorfer gelangt. Im Winter lädt die mit 7,5 Kilometern längste Talabfahrt Deutschlands zur „Schussfahrt" ins Tal der Iller.

Rechts:
Von der Schöllanger Burgkirche blickt man über Reichenbach zum Rubihorn (1957 Meter). 1987 geriet der Berg in die Schlagzeilen, als circa 15 000 Kubikmeter Geröll durch einen Felssturz zu Tal abgingen.

Unten:
Vom Tal der Trettach sind die Allgäuer Alpen immer im Blick. Im Bild die Mädelegabel (2645 Meter), einer der höchsten Gipfel der langen Bergkette zwischen dem Widderstein im Südosten und dem Imberger Horn im Nordwesten.

Oben:
Ohne große Mühen gelangt man mit der Nebelhornbahn in die Hochregion der Allgäuer Alpen. Ihre Jungfernfahrt feierte die berühmte Seilbahn am 10. Juni des Jahres 1930. Sie galt damals als „längste Personenschwebebahn der Welt".

Links:
Zur Einkehr lädt der Berggasthof Einödsbach bei Oberstdorf ein. Die kleine Kapelle St. Katharina stammt aus dem 17. Jahrhundert.

Links:
Blick vom Riedberger Horn (1787 Meter) auf die Grasgehrenalm und den Besler (1679 Meter) im Süden des Naturparks Nagelfluhkette.

Unten:
Gipfelkreuz des Riedberger Horns. Der Berg ist gesäumt von zahlreichen Wald-Wild-Schutzgebieten, in denen auf Initiative des Deutschen Alpenvereins hin in den Wintermonaten ein Interessensausgleich zwischen besonders gefährdeten Tierarten und Wintertourengehern gewährleistet werden soll.

Ganz unten:
Der Hochgrat, mit 1834 Meter der höchste Berg in der Nagelfluhkette. Der Hausberg der Oberstaufener ist mit einer Seilbahn erschlossen.

Oberstaufen gehört zu den bedeutenden Heilklima-Kurorten im Allgäu. Einen besonderen Namen hat sich der Ort durch die hier im Jahre 1949 vom Kurarzt Hermann Brosig erstmals eingeführte „Schrothsche Heilkur" gemacht. 1959 wurde Oberstaufen als einziger offizieller Schrothkurort der Bundesrepublik anerkannt.

Über die Höfe des Oberstaufener Ortsteils Laufenegg hinweg gleitet der Blick hinüber zum Hochgrat (links) und zur Nagelfluhkette.

Rechte Seite:
Unweit nördlich von Oberstaufen führt der Weg ins westallgäuische Stiefenhofen (750 Meter) im Landkreis Lindau. Die Pfarrkirche St. Martin wurde im 15. Jahrhundert errichtet.

Im äußersten Südwesten – Lindau und Bodensee

Lindau ist eine Inselstadt und nur durch eine Straßenbrücke und einen Bahndamm mit dem Festland verbunden. Am Hafen erhebt sich der Mangturm, der um 1200 errichtet wurde. „Mang" leitet sich vom Mangen (Glätten) ab. Die früher beim Turm angebauten Tuchhallen verhalfen dem Bauwerk zu seinem Namen.

Im äußersten Südwesten von Bayerisch Schwaben erreicht man mit dem Landkreis Lindau bereits den Bodenseeraum, einen in vielerlei Hinsicht eigenständigen Landschafts- und Kulturraum, der mit dem angrenzenden Oberallgäu nur wenig gemeinsam hat. Die ehemals Freie Reichsstadt Lindau nahm schon in ihrer abwechslungsreichen Geschichte immer einen Sonderstatus „zwischen den Fronten" ein. Die ursprüngliche Ortsbezeichnung „Lindau im Bodensee" verrät auch ihre geografisch besondere Insellage. Vermutlich in frühgeschichtlicher Zeit ist auf einer dem Festland vorgelagerten Insel eine erste Fischersiedlung entstanden, die von Anfang an befestigt wurde.

Heute ist Lindau eine Handels-, Wirtschafts- und Kulturmetropole in der Bodenseeregion. Man wirbt gerne mit dem mediterranen Flair der Stadt (Bayerische Riviera), und ist stolz darauf, mit Süddeutschlands einzigem Leuchtturm aufwarten zu können. Das neue Kunstmuseum am Inselbahnhof, die neue Inselhalle, das alljährliche Treffen der Nobelpreisträger auf der Insel (Wissenschaftsforum) und die Lindauer Psychotherapiewochen zählen zu den weiteren Highlights der Kulturstadt Lindau.

Das Hinterland des Landkreises Lindau und der Bodensee bieten eine Fülle an Freizeit- und Erholungsmöglichkeiten, bei denen der Genuss der regionalen Produkte (Äpfel, Fische und Wein) nicht zu kurz kommt. Der Genussherbst am Lindauer Bodensee und Apfelwochen am Bodensee stoßen auf große Gegenliebe. Das Winzer-Festival „Komm und See" wird von einem Dutzend Lindauer Weingüter organisiert, und Michael Bode, Käsesommelier und Wein-Kulturführer Bodensee, zelebriert in seiner „GenussWerkstatt" in Lindau die hohe Kunst der Bodenseeküche. Wasserburg am Bodensee, Bodolz, Nonnenhorn, Weißenberg, Lindenberg und Scheidegg mischen in diesem Bodenseereigen des Landkreises ordentlich mit.

Oben:
Langlaufloipe bei Maierhöfen im Westallgäu (Landkreis Lindau). Erst seit 1805 gehört der Ort zu Bayern.

Rechts:
Der Eistobel bei Grünenbach im Westallgäu gehört zu den Hauptattraktionen in der Region zwischen Oberstaufen und Isny. Auf 1,5 Kilometer Länge haben die Naturkräfte am Ende der letzten Eiszeit eine schluchtartige Felsenlandschaft geschaffen, durch die ein gesicherter Wanderpfad führt.

Oben:
Im Hintergrund der Siedlung Röthenbach baut sich die Nagelfluhkette mit ihren verschneiten Gipfeln auf.

Links:
Zum Marktflecken Weiler-Simmerberg gehört das Bauernhaus in Oberscheiben, ein für das Allgäu typischer Hof, bei dem alles, was zu einem Bauernhof gehört, unter einem Dachfirst vereint ist. So wurden die Wege kurzgehalten, womit bei extremen Wetterbedingungen die Tiere besser versorgt werden konnten.

Links:
Blühende Birnbäume bei Taubenberg, einem Ortsteil von Bodolz am Bodensee, verweisen auf den Obstreichtum der Region.

Unten:
Bruggach und Rickatshofen nahe Lindau. Der Obstbau gehört zu einem der Haupterwerbszweige in der Landwirtschaft des Bodenseeraums.

Ganz unten:
Unterreitnau, ein Stadtteil von Lindau. Die Geschichte der Pfarrkirche St. Urban und St. Silvester reicht bis ins 14. Jahrhundert zurück.

Rechte Seite:
Die Kapelle St. Antonius bei Selmnau, Gemeinde Wasserburg, stammt aus dem Jahre 1696 und erlaubt von ihrem Hügel weite Ausblicke auf den Bodensee. Die ehemalige Einsiedelei ist von Spalierobst-Plantagen umgeben, im Hintergrund erhebt sich der Säntis (Schweiz).

Wasserburg mit seiner Pfarrkirche St. Georg liegt am Nordufer des Bodensees. Ein erstes Gotteshaus wurde schon 784 erwähnt. Hier wurde 1927 der Schriftsteller Martin Walser geboren.

In den Jahren 1921/22 wurde die Herz-Jesu-Kapelle bei Ebenschwand in der Nähe von Scheidegg errichtet. In der Umgebung des Kurortes Scheidegg gibt es 13 Kapellen.

Seite 132/133:
Über zinnenbekrönten Sockeln am Eingang zum Lindauer Hafen erhebt sich einerseits der begehbare 36 Meter hohe Neue Leuchtturm mit seiner Uhr und Aussichtsplattform (1856). Gegenüber sitzt der sechs Meter hohe Bayerische Löwe, eine Arbeit des Münchner Kunstprofessors Johann von Halbig.

MDCCCLVI

Register

20 km
MITTELFRANKEN
Weißenburg in Bayern
BADEN-WÜRTTEMBERG
SCHWABEN
OBERBAYERN
ÖSTERREICCH
SCHWEIZ
AALEN
HEIDENHEIM
INGOLSTADT
Neuburg an der Donau
ULM
NEU-ULM
MÜNCHEN
Landsberg am Lech
MEMMINGEN
KAUFBEUREN
KEMPTEN
RAVENSBURG
Wangen im Allgäu
FRIEDRICHS-HAFEN
Lindau
BREGENZ
DORNBIRN
GARMISCH-PARTENKIRCHEN
INNSBRUCK
AUGSBURG
Donauwörth
Nördlingen
Oettingen
Residenzschloss
Neues Schloss
Wallerstein
Ries
Maria Brünnlein
Wemding
St. Emmeram
St. Georg
Monheim
Möttingen
Ehem. Kartäuserkloster
Rauhe Wanne 612 m
Harburg
Burg Harburg
Kaisheim
Bissingen
Heilig-Kreuz
St. Johannes
Rain
Tapfheim
Mertingen
Syrgenstein
Kloster Maria Medingen
Mariä Himmelfahrt
Höchstädt
St. Vitus
Münster
Buttenwiesen
Pöttmes
St. Martin
Lauingen
Dillingen
Wertingen
Meitingen
Thierhaupten
St. Peter u. Paul
St. Leonhard
Gundelfingen
Rathaus
Holzheim
Biberbach
Aindling
Langweid
Schloss Scherneck
Kühbach
Sisi-Schloss
Aichach
Affing
Gablingen
Wittelsbacher Land
Günzburg
Offingen
Altenmünster
Welden
Elchingen
Reisensburg
Wallfahrtskirche St. Michael
Votivkirche
Gersthofen
Leipheim
Burgau
Legoland
Scheppach
Nersingen
Zusmarshausen
Neusäß
Fuggerei
Dom
Dasing
Maria Birnbaum
Stadtbergen
Friedberg
Ichenhausen
Jettingen-
Pfaffenhofen a.d.Roth
Klingenburg
Dinkelscherben
Diedorf
Burtenbach
Gessertshausen
Kissing
Senden
Weißenhorn
Neuburg a.d. Kammel
Fischach
Bauernmuseum
Königsbrunn
Vöhringen
Thannhausen
Bobingen
Mering
Bellenberg
Ursberg
Langenneufnach
Unsere Liebe Frau
Merching
Krumbach
Großaitingen
Illertissen
Buch
Schloss Guggenberg
Schwabmünchen
Graben
Kirchheim
Untermeitingen
Kloster Lechfeld
Altenstadt
Babenhausen
Fuggerschloss
Langerringen
Kellmünz
Pfaffenhausen
Ettringen
Türkheim
Heimertingen
Mindelheim
Skyline-Park
Buchloe
Erkheim
Oberes Tor
Bad Wörishofen
Ammersee
Rathaus
Kloster
Markt Rettenbach
Ottobeuren
Pforzen
Germaringen
Schwäbisches Bauernhofmuseum
Benediktinerabtei
Kloster Irsee
Neugablonz
Lautrach
Stöttwang
Maria Steinbach
Bad Grönenbach
St. Blasius
Starnberger See
Legau
Obergünzburg
Biessenhofen
Dietmannsried
Altusried
Haldenwang
Unterthingau
St. Martin
Marktoberdorf
Allgäu
Wiggensbach
Stötten am Auerberg
Auerberg 1.055 m
Mariaberg
St. Lorenz
Lechbruck
Buchenberg
Durach
Waltenhofen
Sulzberg
Seeg
Roßhaupten
Halblech
Schloss Syrgenstein
Heimenkirch
Weitnau
Maria Rain
Nesselwang
Forggensee
Hohe Bleick 1.638 m
Hauchenberg 1.242 m
Burgruine Rettenberg
Rottachsee
Grüntensee
Hopfensee
Bannwaldsee
Lindenberg
Wertach
Maria Trost
Füssen
Schwangau
Nonnenhorn
Bodolz
Scheidegg
Simmerberg
Weiler-
Immenstadt
Grünten 1.738 m
Pfronten
Hochplatte 2.082 m
Wasserburg
Oberstaufen
Alpsee
Schloss Hohenschwangau
Schloss Neuschwanstein
St. Stephan
Bodensee
Blaichach
Burgberg
Bauernhausmuseum
Starzlachklamm
Breitenberg 1.838 m
Säuling 2.047 m
Sonthofen
Bad Hindelang
Ammergebirge
Nagelfluhkette
Hochgrat 1.834 m
Gr. Daumen 2.280 m
Gaishorn 2.247 m
Fischen
Nebelhorn 2.224 m
Oberstdorf
Breitachklamm
Hochvogel 2.592 m
Allgäuer Alpen
Hoher Ifen 2.229 m
Schafalpenköpfe 2.320 m
Mädelegabel 2.645 m
Donau
Lech
Wertach
Iller
Mindel
Günz
Zusam
Paar
Roth
Wörnitz
Singold
Schmutter
Kammel
West. Günz
Östl. Günz
Ostrach
Breitach
Lechfeld
Lechrain
Donauried

Glückliche Kuh auf einer Almwiese am Hochgrat. Der Hausberg von Oberstaufen ist die höchste Erhebung der Nagelfluhkette.

Impressum

Buchgestaltung
Matthias Kneusslin
www.hoyerdesign.de

Karte
Fischer Kartografie, Aichach

Alle Rechte vorbehalten

Printed in Italy
Repro: Artilitho snc, Lavis-Trento, Italien
www.artilitho.com
Druck und Verarbeitung:
Grafiche Stella srl, Verona, Italien
www.grafichestella.it
© 2019 Verlagshaus Würzburg GmbH & Co. KG
© Fotos: Martin Siepmann
© Texte: Johann Schrenk

ISBN 978-3-8003-4312-6

Unser gesamtes Programm finden Sie unter:
www.verlagshaus.com

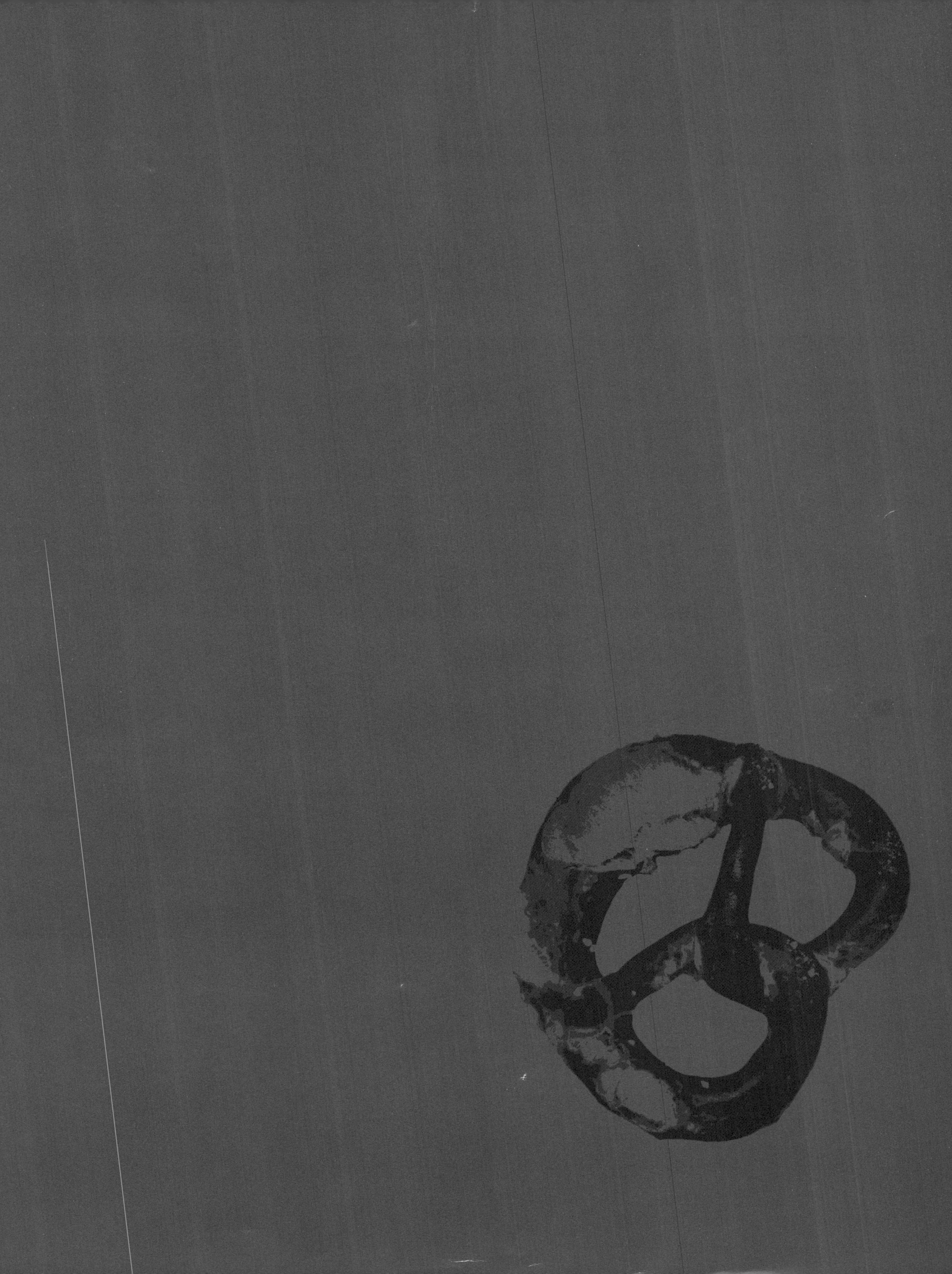